30 DIAS PARA TRANSFORMAR SEU CARÁTER:

como o livro de Provérbios te ensina a ser um homem bom, um marido exemplar e um pai referencial

ROBSON OLIVEIRA LIMA DA SILVA

30 DIAS PARA TRANSFORMAR SEU CARÁTER:

como o livro de Provérbios te ensina a ser um homem bom, um marido exemplar e um pai referencial

NOVOS ASES

Preparo de originais: Gabrielle Antunes

Revisão: Leandro Lacerda

Diagramação: Danielle V. Cardoso

Capa: Fernanda Ferreira

Catalogação na publicação
Elaborada por Bibliotecária Janaina Ramos – CRB-8/9166

S586t

Silva, Robson Oliveira Lima da

30 dias para transformar seu caráter: como o livro de Provérbios te ensina a ser um homem bom, um marido exemplar e um pai referencial / Robson Oliveira Lima da Silva. – Rio de Janeiro: Ases da Literatura, 2023.

N p.; 14 X 21 cm

ISBN 978-65-54283-01-4

1. Casamento - Aspectos religiosos - Cristianismo. I. Silva, Robson Oliveira Lima da. II. Título.

CDD 248.84

Índice para catálogo sistemático

I. Casamento - Aspectos religiosos - Cristianismo

www.asesdaliteratura.pt

Sara,

Minha esposa, minha maior
incentivadora, minha única amiga, meu
equilíbrio e uma mulher virtuosa.

Benjamin e Bernardo,

Meus dois filhos que Deus me confiou para
transformá-los em verdadeiros homens de Deus.
Não há melhor incentivo na vida do que ter a
missão de cuidar, proteger, educar e enviar para
este mundo, dois homens que serão exemplos.

SUMÁRIO

INTRODUÇÃO

Recentemente, ao analisar toda a minha vida e o que estava por vir, fui acometido de um imenso pavor ao perceber que, se continuasse a viver da mesma maneira, terminaria minha vida sem ter deixado minha marca no mundo com o sentimento de não ter cumprido minha missão. A vida que Deus nos deu é muito valiosa para passarmos por ela como se não tivéssemos existido. É exatamente isso o que Martin Luther King disse: "Se um homem não descobriu nada pelo qual morreria, não está pronto para viver". Mas, como encontrar uma causa ou alguém pelo qual morrer, se não sabemos quem realmente somos (nossa identidade) e qual a missão que Deus tem para nós? Infelizmente, tenho visto muitos homens vivendo dessa maneira, não encontraram seu valor, não sabem do que são capazes e não tem uma missão forte o suficiente para mudarem completamente suas vidas e de suas famílias. Jesus Cristo é o maior exemplo de homem no qual devemos almejar alcançar em termos de masculinidade. Ele veio ao mundo com uma missão (reconciliar a criação com o Criador) e a sua vida é o perfeito exemplo de como viver, como se portar e nos deu um propósito pelo qual morrer. Não há caráter mais perfeito do que d'Ele.

Lembro-me bem da primeira vez que ouvi a respeito de hombridade. Se não me engano, em 2005, quando a Universidade da Família estava fazendo uma visita em diversas igrejas do Brasil para apresentar e começar a implementar o ministério Hombridade. Dois discípulos (homens mais próximos) do Dr. Edwin Louis Cole estavam fazendo uma palestra na igreja que eu frequentava. Ao ouvir a respeito do assunto, confesso que não tinha a menor ideia do que se tratava, mas, quando me sentei para ouvir tudo o que estavam apresentando, foi como se tivesse encontrado água em meio ao deserto após tanto peregrinar sem um pingo de esperança. Comecei a pesquisar sobre o assunto e a ler seus primeiros livros lançados no Brasil. Em 2007, tive a oportunidade de fazer o treinamento de líder para implantar o ministério de Hombridade na minha igreja local, o que aconteceu no mesmo ano com a ministração do primeiro curso para homens na igreja e na cidade. Confesso que eu não era a pessoa ideal para ministrar tal curso, mas algo dentro de mim não parava de me incomodar.

Certo dia, ao iniciar meu devocional matinal, sempre começando com um capítulo de Provérbios, decidi ler este livro sob uma perspectiva diferente. Decidi procurar por versículos relacionados a hombridade, masculinidade e outros assuntos destinado a homens. Foi então que, nos dois meses seguintes, eu iniciei a leitura do livro de Provérbios sob esta perspectiva: descobrir o que este livro poderia me mostrar a respeito de hombridade. Após alguns meses de leitura intensa e focada, identifiquei 187 versículos direcionados aos homens. Que descoberta incrível! Como passei anos lendo o livro de Provérbios sem perceber a preciosidade que Deus nos deixou?

Analisando com mais cuidado esses 187 versículos, escolhi trinta que tocaram mais ao meu coração e percebi que poderiam ser classificados em quatro grupos: caráter, finanças, relacionamento e educação de filhos. São quatro áreas críticas que muitos homens precisam desenvolver antes de "passar para a próxima fase". Salomão aconselha aos jovens a guardarem em seu coração, princípios e valores da verdade, pois eles o manterão firmes no caminho correto e não o deixarão se desviar. Há também diversos traços de caráter mencionados no livro que precisam ser desenvolvidos como disciplina, discernimento, prudência (principalmente para os inexperientes), a guardar em seu coração estes princípios e valores para que, dessa forma, obtenha sabedoria para identificar o certo e errado. O livro de Provérbios também ensina que é necessário ter uma vida financeira estável antes de se casar para formar uma família. Finanças é um dos motivos que mais gera divórcio em casais. Entretanto, não se trata da falta de dinheiro, mas da falta de sabedoria no que diz respeito a compreensão de quem é o principal provedor financeiro da família, de falta de gestão do dinheiro e como lidar com a necessidade, desejos e prioridades.

COMO ESTE LIVRO PODE TE AJUDAR A DESENVOLVER O SEU CARÁTER?

Este livro foi escrito de homem para homem, o seu objetivo é torná-lo mais parecido com Jesus, pois Ele é a personificação da verdadeira hombridade. Durante toda a jornada de escrita desde livro, fui desafiado a fortalecer e desenvolver meu caráter em todos os capítulos escritos. Por mais que eu tenha utilizado a Bíblia como base desde livro, os princípios e valores discutidos e ensinados se aplicam cristãos e não cristãos. É um chamado para viver a verdadeira hombridade que Deus deixou escrito.

No que diz respeito ao caráter, abordarei assuntos como sabedoria, maturidade, domínio próprio, honestidade, amizade e como esses e outros assuntos estão presentes na vida de Jesus Cristo e de outros homens da Bíblia. Não há caráter sem princípios e valores que norteiem nosso modo de falar, agir e pensar. Esta é uma área que requer esforço e aplicação diária. A respeito de relacionamento, abordarei sobre relação entre homem e mulher no matrimônio (caso você ainda não seja casado, aprenderá o que é necessário saber antes de se comprometer com uma mulher) e sexo (relacionamento sexual e pecados sexuais). Você verá a importância de desenvolver diversos aspectos do seu caráter antes de buscar uma esposa, para que você não a machuque e destrua seu casamento. Sobre finanças, abordarei aspectos importantíssimos sobre dinheiro, bens e riquezas. Um dos pontos que poucas pessoas abordam é a responsabilidade do homem nas finanças da família, o verdadeiro valor do dinheiro à luz da Bíblia e a importância de acumular dinheiro. Por último, trataremos da educação de filhos como grande responsabilidade e influência os pais têm sobre a vida dos seus filhos e como cada palavra e atitude sua vai refletir no desenvolvimento do caráter deles.

Se você ler este livro com atenção, se questionar a respeito de como ele tem se comportado e se esforçar para aplicar as lições e aprendizados, tenho certeza que sua vida, seu casamento, se relacionamento com Deus e com seus filhos serão transformados de maneira sobrenatural. Provavelmente você se encontre conforme alguns temas abordados e espero que este livro te encoraje a se manter firme no propósito e manter o seu padrão de caráter. Caso você perceba que algumas de suas atitudes estão aquém do padrão bíblico de hombridade, creio que este livro o incentivará a mudar de rota, buscar por mudanças comportamentais e de pensamentos e a olhar para Cristo em busca de como ser um verdadeiro homem.

Por fim, minha oração é este livro te ajude a ser mais parecido com Jesus Cristo e que encontre na Bíblia o verdadeiro padrão de masculinidade, pois Deus te chamou para viver o melhor d'Ele aqui nesta terra. O único lugar no mundo que podemos buscar referências de um caráter perfeito é na Bíblia e, apenas olhando para Jesus e refletindo a nossa própria natureza e atitudes, conseguiremos ser transformados.

A partir de agora você começa uma jornada com grandes desafios. Serão 30 dias em que você será questionado e desafiado a ser o que realmente Deus planejou para você. Quando Josué estava prestes a entrar na terra prometida, após o povo de Israel peregrinar por 40 anos no deserto, o peso da responsabilidade em liderar toda aquela multidão para lutar por aquilo que já era deles, Deus lhe deu esta seguinte palavra de encorajamento e meu desejo é que você a leve com você, sempre que estiver diante de desafios a superar: "Não fui eu que lhe ordenei? Seja forte e corajoso! Não se apavore, nem se desanime, pois o Senhor, o seu Deus, estará com você por onde você andar" (Josué 1:9 NVI).

DIA 1

TENHA TEMOR E BUSQUE POR SABEDORIA

O temor do Senhor é o princípio do conhecimento, mas os insensatos desprezam a sabedoria e a disciplina.

Provérbios 1:7

O que você mais teme que aconteça em sua vida? Morte? Falência financeira? Divórcio ou ficar sozinho? Segundo Thomas G. Fiffer, existem três medos que permeiam todos os homens: rejeição, irrelevância e decepção[1]. Cada um de nós tememos que algo aconteça conosco ou com nossa família e este sentimento pode nos paralisar, a ponto de não seguirmos adiante, ou nos encorajar a fazer a coisa certa. A palavra temor tem dois significados distintos: medo, receio ou sentimento de respeito e reverência. Enquanto o medo pode nos paralisar e impedir de enfrentar situações difíceis, o sentimento de reverência e respeito nos encoraja a fazer a coisa certa, no momento correto, sem nos preocuparmos com a opinião das outras pessoas. O que Salomão deseja nos ensinar neste primeiro versículo é ter temor

1 "The 3 things a man fear most", por Thomas G. Fiffer. Disponível em: https://goodmenproject.com/ethics-values/the-3-things-a-man-fears-most-fiff.

(reverência e respeito) pela palavra de Deus e este é um dos principais ingredientes da sabedoria, uma virtude adquirida quando conhecemos mais a Deus e nos submetemos à Sua vontade.

Temer a Deus é a primeira coisa que todo homem deve buscar, pois, é através disso que o conhecimento e a sabedoria são obtidos. A reverência e obediência à sua palavra vem antes do temor a Deus e o início do conhecimento. Na prática, temer a Deus é aquele sentimento que surge em nosso coração quando uma mulher nos flerta e, se você for um homem casado, se afasta imediatamente daquela pessoa para não ceder aos desejos da sua carne. É um ter o sentimento de respeito e reverência à palavra de Deus em que todo homem a guarda em seu coração. E, quando falamos da palavra de Deus, também nos referimos aos mandamentos, conselhos e ordens presentes na Bíblia. Ou seja, é o código de ética de todo cristão.

Existe um pré-requisito que todo homem cristão precisa para obter a sabedoria de Deus: o Espírito Santo. É o Espírito Santo que nos dá o temor da palavra de Deus, o conhecimento sobre as questões espirituais e a sabedoria para lidar com as pressões e dificuldades da vida, quem nos aconselha acerca da melhor estratégia para tomar diante de alguma situação embaraçadora[2], que coloca aquele incômodo em nosso coração antes de fechar um negócio, aceitar uma nova proposta de emprego, abrir uma imagem no seu grupo de mensagem que você acredita ir de encontro com seus princípios e valores morais,

Sabe aquele momento que parece que você está encurralado e a única coisa que consegue pensar é: "Deus, como posso sair dessa situação?" e, de repente, surge uma saída para resolver aquele conflito. O mesmo Espírito que lhe tirou daquela situação, é o Espírito que estava sobre a vida de José do Egito quando ele, literalmente, fugiu da casa de Potifar, quando sua mulher o convidou para ter relações com

2 Isaías 11:2

ela[3]. Perceba as palavras que Josué disse a mulher de Potifar: "Como poderia eu, então, cometer algo tão perverso e pecar contra Deus?[4]

Antes de José do Egito tomar a decisão de não se deitar com a mulher de Potifar, o Espírito Santo colocou um sentimento em seu coração de que esta atitude ia de encontro com os padrões éticos e morais de Deus e que ele adotou em sua vida. Ou seja, gerou em seu coração temor no coração de Josué era tão grande a ponto d'Ele ter que fugir daquela situação. É esse espírito que deve estar sobre cada homem e ter a hombridade de agir como Josué. Sabe o que mais me chamou atenção nessa situação? O próprio Deus continuava com Josué. É esse mesmo Espírito que estava sobre Jesus quando alguns escribas e fariseus queriam apedrejar a mulher que tinha sigo flagrada em adultério e a trouxeram a Jesus para tentar arranjar um motivo para acusá-lo. Jesus, impelido pelo Espírito Santo, questionou a situação com extrema sabedoria livrando a mulher da morte, porém esse mesmo questionamento tinha o propósito de salvar a vida daquela mulher, levando-a a se arrepender[5]. É esse mesmo Espírito que devem fazer parte de cada decisão que todo homem deve tomar. Em algumas situações, somente a sabedoria vinda do céu é que vai nos livrar de determinadas situações.

Há alguns benefícios a serem destacados para aqueles que temem a Deus:

- Segurança e auxílio nos momentos de angústia[6];
- Sabedoria e bom entendimento sobre a palavra e caráter de Deus[7];

---

3 Gênesis 39:1-23

4 Gênesis 39:09

5 João 8:1-11

6 Salmos 115:11

7 Salmos 111:10

- Discernimento para evitar o mal[8];
- Ódio do pecado[9];
- Benevolência[10].

Mas, como nem tudo na vida são flores, há diversos prejuízos para homens que decidem viver uma vida sem a presença do Espírito Santo, onde destaco dois:

- Suas decisões vão prejudicar outras pessoas, fazendo-o agir com injustiça.[11] —
- Escassez[12] em sabedoria: qualquer homem não terá condições de administrar com excelência os recursos que lhe são confiados (abordaremos mais este assunto mais a frente).

Não tenha medo da rejeição ou desprezo das outras pessoas pelas suas atitudes alinhadas à palavra de Deus, pois a recompensa será maior que elogios. Decida hoje ser um homem cheio do Espírito Santo e permita que Ele o encha de sabedoria. Para isso, você deve se esvaziar de tudo o que te impede de ser um homem de excelência e valor. Esse é um exercício diário que você deve praticar todos os dias da sua vida.

"Por isso, recebendo nós um reino inabalável, retenhamos a graça, pela qual sirvamos a Deus de modo agradável, com reverência e santo temor; porque o nosso Deus é fogo consumidor" (Hebreus 12:28-29).

---

8 Provérbios 08:13

9 Jó 28:28

10 Provérbios 14:09

11 Isaías 11:3-4

12 Provérbios 21:20

DIA 2

SEJA ÍNTEGRO

Quem anda com integridade anda com segurança, mas quem segue veredas tortuosas será descoberto.

Provérbios 10:09

A palavra integridade está relacionada com as raízes da palavra "inteiro", "integrar" e sua raiz latina *integrum* "inteiro, completo, sem faltar pedaço". Isso implica em um homem completo (*teleios*), indiviso, intacto e irrepreensível. É necessário sermos homens por inteiro, em todos os aspectos de nossas vidas, como pai, marido e líder. E um dos pilares da hombridade está na integridade que todo homem deve ter e ser. Essa qualidade deve estar impressa em cada atitude ou gesto, que não necessite de nenhuma palavra para que qualquer pessoa encontre essa qualidade em um homem. Quando o homem descobre em Deus sua identidade, destino e valores, então inicia-se a restauração da sua hombridade, e isso vai repercutir em todas as áreas de sua vida. A hombridade, a integridade e a responsabilidade sempre andam juntas.

Abordaremos três pilares da integridade: moral, conjugal e sexual.

INTEGRIDADE MORAL

Um homem deve ser impecável em sua palavra e ser o maior exemplo de honestidade em todas as áreas de sua vida. Integridade moral significa ter valores bem definidos e não vacilar quando estiver sob pressão. Uma das características mais interessantes que o versículo 9 de Provérbios mostra é a segurança. Todo homem íntegro traz segurança para as pessoas que estão à sua volta e sob a sua responsabilidade. Sabe que suas palavras e atitudes estarão alinhadas com as leis e padrões legais. Andar com Integridade significa andar segundo a lei de Deus. Segurança é o estado, qualidade ou condição de quem, ou do que está livre de perigos, incertezas, assegurado de danos e riscos eventuais; situação em que nada há a temer. Você consegue perceber o poder dessa qualidade? Você pode trazer paz para as pessoas que estão à sua volta, se ou pode trazer destruição, tudo depende do seu padrão moral.

Todo homem pode destruir sua integridade toda vez que declara princípios e valores que, supostamente, regem a sua vida, mas age de maneira contrária; quando você diz que vai fazer algo, mas falha em cumprir sua palavra; quando você desconsidera as regras da sua empresa ou de seu chefe, mesmo que você tenha concordado implicitamente com elas; resumindo, quando você trata os outros de uma maneira que você não gostaria de ser tratado você cria uma ruptura do seu caráter. Os passos de um homem devem estar alinhados com o que ele diz, e isso diz muito a respeito de quem ele realmente é.

INTEGRIDADE CONJUGAL E SEXUAL

Essa talvez seja uma das qualificações mais importantes e talvez a mais difícil do homem manter e preservar. Isso acontece porque o sexo, e também o valor da mulher, têm sido desmoralizados atualmente, e os homens contribuem com isso. Você pode até achar normal olhar para o corpo de outra mulher, se sentir atraído por outra mulher que não seja a sua esposa ou até mesmo trair a sua esposa, porém isso é desvio de caráter.

Essas três simples perguntas que vão definir seu nível de integridade na área sexual:

- O que você faz ou o para quem você olha quando ninguém está te observando?
- Qual o real desejo do seu coração quando você olha para uma mulher?
- Quem realmente tem te deixado excitado?

Ao analisarmos a segunda parte do versículo 09, vemos uma consequência ocasionada pelo desvio de integridade: seus caminhos serão descobertos! Todo homem que não tem uma vida íntegra, não é irrepreensível em seu falar e viver, uma hora a verdade será revelada. O maior exemplo de desvio de integridade que temos na Bíblia está no adultério do rei Davi.

O desvio moral de um homem sempre acontece quando ele não está na posição e no lugar em que deveria estar. Davi deveria estar no campo de batalha, como era o costume dos reis da época[13], mas decidiu ficar em casa. Quando avistou Bate-Seba tomando banho, ficou excitado, e mandou trazê-la e teve relações com ela. Davi tentou encobrir seu desvio de caráter, mas foi revelado a ponto de estar registrado na Bíblia.

É quase inevitável que um homem leve sua vida sem ser tentado e, para alguns, não há como se livrar delas e é por isso que o novo testamento ensina que Deus nos dará um "escape" para suportar a tentação[14] Deus já nos avisou que a tentação viria e nos deu as armas para suportá-las, mesmo que, literalmente, fujamos como José do Egito, e esse talvez tenha sido o único escape de José

13 Samuel 11:1

14 1 Coríntios 10:13

para não cair na tentação de uma mulher. Veja, Davi esteve sob a mesma tentação de José do Egito, mas a grande diferença entre eles é que José não foi guiado pelo pênis, mas teve temor a Deus e isso foi o suficiente para que não cedesse a tentação. Os dois estavam sozinhos e quem poderia impedir de prosseguirem não estavam lá (Potifar, no caso de José do Egito e Urias, marido de Bate-Seba).

A Bate-Seba de hoje está a todo tempo esperando por nós, nas propagandas da televisão, nos *banners* dos sites da internet, filmes, outdoors, grupos de aplicativos de mensagens e em qualquer lugar que possamos estar. Sejamos honestos: não precisamos de uma revelação vinda do céu para nos dizer que, se abrirmos uma determinada imagem de um aplicativo de mensagens, encontraremos uma foto de mulher nua!

Existem duas lições que podemos aprender com o erro de Davi para suportar ou obter o livramento das tentações sexuais:

- Davi não desviou o olhar de Bate-Seba: para um homem se sentir excitado, é necessário alimentar o desejo no seu coração. Provavelmente ele ficou olhando aquela mulher tomar banho e começou a alimentar esse desejo a ponto e decidir ter relações com ela;
- Davi não refletiu sobre suas ações e consequência: ele poderia ter sondado seu coração a ponto de ponderar os desejos que ele mesmo estava alimentando e a consequência que o seu pecado acarretaria.

Antes de terminar, sugiro que você reflita sobre essas 2 perguntas:

1) Suas atitudes e palavras são o reflexo da palavra de Deus?
2) Você vive conforme o que tem pregado (palavras e atitudes)?

Sei que é difícil resistir à tentação, mas se permita resistir e vencer as primeiras batalhas e sinta-se capaz de andar em integridade.

DIA 3

SEJA PRUDENTE

O insensato revela de imediato o seu aborrecimento,
mas o homem prudente ignora o insulto.

Provérbios 12:16

Que atire a primeira pedra quem nunca teve vontade de reagir imediatamente a qualquer insulto que seja! Independentemente se foi direcionado a nós homens ou aos nossos entes queridos. Não sei se você é assim, mas quando eu era questionado a respeito da minha masculinidade, minha vontade era de se levantar imediatamente para provar que sou homem e que minha masculinidade nunca deveria ser questionada. Quando reagimos a um insulto, mesmo que não seja diretamente para nós, pode até ser um comentário nas redes sociais, geralmente fazemos isso porque esse "comentário" está em desacordo com nossos valores. A questão é: será que eu estou totalmente certo?

A palavra prudente vem do Latim *prudentia* que significa "previsão", derivada de *providere* que significa "olhar adiante, preparar, antecipar"[15], é composta por diversas qualidades que, juntas,

15 Fonte: https://origemdapalavra.com.br/pergunta/origem-de-prudencia/

mostra uma das virtudes mais importantes que todo homem deve ter e, também, a mais fácil de se revelar. Um homem prudente:

- Não é impulsivo;
- É cauteloso;
- É precavido;
- É calmo;
- É ponderado;
- É sensato;
- É paciente ao tratar de algum assunto delicado ou difícil.

Uau! Parece impossível, não? Se você deseja atingir todo o seu potencial como homem, você deve assumir o controle da sua mente e corpo antes de reagir a qualquer circunstância. A grande diferença entre o insensato (tolo) e o prudente está na habilidade de dominar sua mente e sua boca no instante momento em que sua masculinidade, crenças ou valores são questionados.

Já um homem insensato reage **imediatamente** após ser afrontado. Sabe aquele homem que não leva ofensa para casa? É imediatista, extravagante (sua opinião tem que ser vista por alguém), não analisa a situação com sabedoria, não se preocupa como que as outras pessoas vão pensar dele (o que importa é a imposição da minha opinião). Alguns homens agem assim quando são confrontados quanto a sua masculinidade.

O prudente, conforme a segunda parte deste versículo, "ignora o insulto". Você conhece alguém que ignora um insulto sem analisar a situação? É nesse ponto que está a grande diferença entre o insensato e o prudente. Ele possui domínio próprio, domínio sobre o seu próprio corpo, mente e alma. Não é possível um homem ter domínio próprio e ser uma pessoa reativa ou impulsiva. O domínio próprio age exatamente entre o momento em que ele é insultado e o momento em que ele o ignora. É uma virtude que deve ser praticada diariamente, não é obtida após a conversão. Antes de uma árvore dar o seu fruto, uma semente deve ser plantada, regada e alimentada com os nutrientes certos (leitura e prática da palavra de Deus), podada (retirar galhos doentes que sugam os nutrientes e interfere no seu crescimento) e com o tempo certo o fruto será dado.

Ser prudente é prever situações de perigo e evitá-las, é ser cauteloso em suas palavras e atos (ou seja, ele pensa antecipadamente), é ser precavido e sabe exatamente o que está acontecendo à sua volta (negócios, finanças, economia, educação, e com os sentimentos do coração da sua esposa e filhos); não apresenta sinais de nervosismo, exaltação de ânimo; não se perturba com facilidade; considera os prós e contras; possui equilíbrio emocional para lidar com qualquer situação; age baseado no conhecimento[16];

Isso me faz lembrar de uma situação que aconteceu comigo quando criança. Em um sábado de manhã, eu e minha família estávamos na praia e, quando chegou a hora de ir para casa, meu pai foi pegar o carro enquanto nós guardávamos as coisas para encontrá-lo. Eu e minha irmã demoramos um pouco para sair d'água até que meu pai nos chamou. Ele deixou o carro parado em uma rua e, infelizmente, estava impedindo a saída de outro carro. Naquele momento ele não conseguiu avistar ninguém que supostamente iria sair com aquele carro, então ele foi nos chamar e voltou rapidamente para seu carro. Quando ele estava chegando, começou a ouvir um homem gritando e xingando. Ao chegar em seu carro, percebeu que o homem estava totalmente descontrolado, pois, o carro do meu pai estava impedindo-o de sair. Mesmo tentando se desculpar com aquele homem e falando que foi somente nos chamar, o homem simplesmente não queria ouvir. Parecia que, cada vez que meu pai tentava explicar e se

16 Provérbios 13:16

desculpar, ele ficava mais descontrolado. Quando eu, minha mãe e minha irmã estávamos chegando perto do carro, vimos aquele homem se dirigindo ao seu carro para pegar algo, porém sua esposa o impediu e pediu para sairmos o mais rápido possível daquele lugar, pois aquele homem estava armado.

Agora, imagina se meu pai tivesse agido de forma insensata? Provavelmente ele não estaria vivo hoje. Então, o que faz um homem agir prudentemente? Infelizmente não sabemos o estado de espírito da outra pessoa ou a situação que ela está passando. Não podemos simplesmente descarregar toda a nossa crença como donos da verdade. Em alguns momentos, ignorar um insulto é agir com sabedoria. Em outros momentos, talvez mais extremos, devemos "dar a outra face", conforme disse Jesus em Lucas 6:29[17].

Nos dois primeiros dias, abordamos que o temor do senhor é o princípio da sabedoria[18]. Um homem sábio deve ter domínio sobre suas próprias emoções e Deus não vai te impedir, você tem que ter maturidade para saber o melhor momento de agir, analisar a situação, ser íntegro para agir com segurança[19] e tomar a decisão correta. A prudência é uma virtude que necessita ser exercitada diariamente. É como exercitar os músculos: se você quer ser um homem forte, precisa de disciplina, paciência e consistência no exercício para atingir os resultados esperados. O mesmo acontece com a prudência. A síntese dessa lição se encontra em Efésios 5:15-17, que diz "Tenham cuidado com a maneira como vocês vivem; que não seja como insensatos, mas como sábios, aproveitando ao máximo cada oportunidade, porque os dias são maus. Portanto, não sejam insensatos, mas procurem com-

17 Lucas 6:29

18 Provérbios 01:07

19 Provérbios 10:09

preender qual é a vontade do Senhor." O insensato não procura conhecer as coisas de Deus (padrão moral e comportamental, virtudes e qualidade de um cristão), ele age baseado no medo de perder sua identidade e do que as pessoas vão pensar dele, caso ele não faça nada. Para o prudente, o eu não importa, mas sim Ele (testemunho cristão).

E você, já conseguiu analisar em quais situações da sua vida você tem agido como um insensato? Você pode começar uma nova vida agora decidindo ser um homem prudente e pedindo para o Espírito Santo te guiar nessa nova jornada do desenvolvimento da hombridade.

DIA 4

AMIZADES

O homem honesto é cauteloso em suas amizades,
mas o caminho dos ímpios os leva a perder-se.

Provérbios 12:26

Você já ouviu aquela famosa frase de Jim Rohn "Você é a média das cinco pessoas com quem mais convive"? O ambiente em que vivemos afeta quem nós somos e as pessoas com quem mais convivemos diz muito a respeito do tipo de pessoa que somos. Isso acontece porque convivemos com pessoas que, normalmente, possuem os mesmos gostos, costumes, pensamentos e compartilham a mesma visão que nós. Mas, se desejamos atingir um nível maior de crescimento pessoal, profissional, financeiro e espiritual, precisamos estar ao lado com pessoas que estejam um nível acima do nosso, em todas as áreas que gostaríamos de mudar.

Por algum instante você já analisou que as pessoas que o cercam afetam diretamente o rumo da sua vida? Eu nunca ponderei o caráter das pessoas que eu convivia e, a maioria das minhas amizades me levaram a "descer ladeira abaixo" em todas as áreas da minha vida. Não quero dizer que elas foram pessoas más, entretanto, não tinham expectativa de vida futura nem um plano de vida traçado. Algumas delas ainda vivem naquele mundinho da adolescência e, até hoje, ainda vivem com a mesma mentalidade. Sabe aquela velha e conhecida frase: "O que você quer ser quando crescer"? Infelizmente algumas pessoas do meu antigo círculo de amizade parecem ainda não ter amadurecido.

Após alguns anos de autoanálise, descobri que grande chave para se obter boas amizades não está somente em saber escolher as pessoas certas, mas em ser honesto consigo mesmo e reconhecer que as pessoas com quem você convive atualmente não vão te dar os conselhos nem incentivo para ser um homem melhor e desenvolver seu caráter. Por exemplo: se um homem tem problemas com pornografia e decidiu abandonar este vício, estar cercado de homens usufruem deste conteúdo e não acham nada de mais usufruírem-no, se ele continuar convivendo com essas pessoas, será certamente influenciado por eles e ficará mais difícil abandonar esta prática. Então, você precisa ser honesto consigo mesmo e não se enganar ao refletir se o caráter das pessoas com quem você mais convive vão te incentivar a ser um homem melhor ou vão de puxar para baixo. Agora, pense em uma área que você realmente deseja melhorar. Ao adquirir este livro, provavelmente você já sabia qual área está precisando aperfeiçoar. Pode ser se tornar pai ou um marido melhor, abandonar a pornografia ou masturbação ou deixar de mentir, responda a seguinte pergunta:

— As pessoas com quem você está convivendo agora (seu círculo de amizade mais próximo) o ajudarão a abandonar os maus hábitos e práticas que você gostaria de deixar de praticar e vão incentivá-lo a mudar de patamar, no que diz respeito ao caráter e hombridade?

— Que conselhos ou opiniões você tem ouvido deles? Ou não tem ouvido nenhum?

Para obter grandes resultados é necessário estar cercado de pessoas que superaram desafios semelhantes aos seus e que, agora, chegaram a um patamar em que você almeja estar. Mas se você deseja ter grandes resultados e está cercado de pessoas medíocres, elas, provavelmente, vão sugar sua força e esperança de atingir melhores resultados. Na Bíblia, encontrei três tipos que precisamos conviver diariamente: Deus, Jesus e alguém como Eliú, amigo de Jó. O primeiro é Deus. Se você realmente deseja ser um homem segundo o coração de Deus, você precisa ter um relacionamento íntimo com Ele. Deus precisa estar com você em todas as situações, em cada decisão, em seus pensamentos, desejos e vontades. Deus precisa ser o centro da sua vida. Abraão foi chamado amigo de Deus devido à sua fé n'Ele[20]. Ele não somente creu em Deus, mas agiu conforme Sua palavra.

Jesus chamou seus discípulos de amigos[21] por aceitarem o chamado para segui-lo, apesar de eles terem sido escolhidos por Deus para serem os apóstolos da igreja[22]. Por serem escolhidos, eles tiveram o privilégio de conhecer quase tudo o que Deus revelou a Jesus. Ou seja, Jesus confiava nos seus discípulos a ponto de revelar segredos que Deus falara. Jesus não apenas escolheu aqueles apóstolos por somente terem sido escolhidos por Deus para serem o fundamento da igreja, mas também para mostrar o nível de amizade que devemos ter. Ter uma amizade com alguém em um nível acima do nosso, nos ajudará a aumentar nosso nível também, principalmente naquela área que aquela pessoa é desenvolvida.

---

20 Tiago 2:23

21 João 15:14

22 João 15:16

O último homem com quem devemos conviver intimamente é alguém como Eliú. Imagina um camarada todo arrebentado, destruído e sem a menor perspectiva de vida? Esse era Jó. Não vejo um conselho mais sábio e direto do que Eliú deu a Jó. Enquanto Elifaz, Bildade e Zofar trouxeram apenas palavras de acusação[23], culpa[24], que tinha se esquecido de Deus[25], chamando-o ímpio[26] e tolo[27], Eliú teve a hombridade de dar conselhos verdadeiros e sábios. Eu acredito que deve ter sido muito duro digerir tudo o que Eliú disse, conforme está descrito em Provérbios 27:6 diz "Leais são as feridas feitas pelo amigo...". Vejamos algumas características do caráter de Eliú quanto a amizade dele com Jó:

Conselhos sábios que Eliú deram a Jó:

1) Paciência, atenção e respeito:

- Era um homem prudente e paciente, esperou que os outros três amigos mais velhos terminarem de falar para depois começar[28].
- Escutou com atenção o que os outros três amigos falaram, compreendeu melhor toda a situação antes de dar conselhos[29].
- Falou diretamente com Jó usando o seu nome, tratando-o como um amigo[30].

---

23 Jó 4:7-8; 20:19-21

24 Jó 15:20

25 Jó 8:13

26 Jó 18:5

27 Jó 11:2-3, 12-15

28 Jó 32:4-7

29 Jó 32:11-12

30 Jó 33:1

2) Humildade, acessibilidade e colocar-se no lugar dos outros

- Foi humilde, bondoso e admitiu que também era imperfeito[31].
- Ele se colocou no lugar de Jó e compreendeu seu sofrimento[32].

3) Equilíbrio e bondade

Mostrou que o ponto de vista de Jó não era equilibrado[33].

Ajudou Jó a ver que o mais importante não era provar que ele estava certo[34].

Mais adiante no texto de Jó, você verá que Deus repreende Elifaz, Bildade e Zofar pela "loucura" que cometeram acusando-o indevidamente de ter pecado[35]. O destino deles era perecerem, pois, se perderam e se comportaram como ímpios, mas pela graça de Deus, eles não foram mortos.

Se você realmente deseja atingir todo o seu potencial como homem, é necessário avaliar o caráter das pessoas com quem convive e desfaça de amizades tóxicas, para que você prospere em todas as áreas de sua vida. Para elevar seus padrões, esteja cercado de homens que já atingiram os padrões que deseja, leia suas biografias, acompanhe seus passos, aprenda diariamente como eles se portam diante de situações difíceis e como as superaram.

---

31 Jó 33:6-7

32 Jó 33:32

33 Jó 33:24-25

34 Jó 35:2

35 Jó 42:7-8

DIA 5

DILIGENTE X PREGUIÇOSO

As mãos diligentes governarão, mas os preguiçosos acabarão escravos. O preguiçoso não aproveita a sua caça, mas o diligente dá valor a seus bens.

Provérbios 12:24, 27

Imagine a seguinte situação: Você é o CEO de uma grande companhia e necessita contratar um Gerente Administrativo para a sua empresa. Quais qualidades você procuraria nessa pessoa? Provavelmente não seria uma pessoa irresponsável, desleixada e que não sabe administrar recursos físicos, humanos e financeiros. Agora seja sincero, você contrataria esse tipo de pessoa? Creio que não. Pois é, nós fomos criados com essa qualidade, de gerenciar com excelência e os bens que nos são confiados. A palavra diligente deriva do termo latim *dīlĭgens, ēntis*, que significa "que ama, dedicado e cuidadoso". Um homem diligente é responsável, eficiente, aplicado, zeloso e cuidadoso com os recursos e pessoas sob sua responsabilidade e age de maneira responsável. O governo (posição de autoridade e maior responsabilidade) será somente dado àquele que sabe valorizar e cuidar de tudo o que está sob sua responsabilidade.

Existem três pilares essenciais para desenvolver a diligência em nós homens, e eles são: físico, humano e financeiro. Quando o homem falha em administrar com eficiência e eficácia um desses pilares, toda a sua estrutura vai à ruína. A primeira história da humanidade mostra a habilidade de Adão em administrar os bens (toda a criação) que Deus criou e lhe confiou e também o momento em que ele não cumpriu com sua responsabilidade em administrar e cuidar de um desses pilares. Adão não aprendeu a ser diligente e não teve um pai ou um treinador para lhe ensinar esta qualidade, ela veio do próprio Deus quando o homem foi criado. Deus confiou a Adão a administração e o cuidado do jardim do éden[36], e essa foi a primeira responsabilidade de Adão: administrar e zelar pelos recursos físicos (primeiro pilar) que Deus confiara.

Até então não havia nenhuma outra pessoa para ele cuidar, foi quando Deus criou a mulher (segundo pilar) para que lhe auxiliasse na sua administração do jardim. A partir deste momento o homem tinha a responsabilidade em amar, cuidar e zelar pela sua mulher Eva. Adão era considerado, podemos dizer assim, o governador do jardim do Éden. Era ele quem cuidava de tudo. Ele deu nome a todos os animais criados por Deus[37] e lhe concedeu autoridade para governar sobre todos os animais[38]. Até então os recursos financeiros (recurso que lhe trazia alimento e sobrevivência) eram concedidos à medida que ele trabalhava e cuidava do jardim, ou seja, do fruto da terra. Neste ponto, compreendo que Adão era um homem diligente. Ele estava governando o jardim do éden, cuidando da sua mulher e seu trabalho lhe dava retorno. Adão tinha uma ordem, transmitida para Eva, e essa ordem diz respeito a administração do bem físico, porém tinha ligação com a vida de Adão e Eva, e o modo como eles

36 Gênesis 2:15

37 Gênesis 2:20

38 Gênesis 1:26

eram retribuídos pelo seu trabalho. Porém, houve um momento em que seu governo foi desafiado, quando Satanás usou a serpente, o animal mais astuto de todos os animais criados por Deus, para distorcer a ordem de Deus no que dizia respeito ao governo de Adão sobre o jardim. Eva foi enganada, desobedeceu a ordem que Adão lhe deu e comeu o fruto proibido.

A história poderia ter acabado aí se Adão tivesse a hombridade de ter mantido a responsabilidade de cuidar dos bens que Deus lhe confiara e, acredite, ele tinha os recursos necessários para isso. Deus lhe havia dado autoridade sobre todos os animais da terra, inclusive sobre a serpente, sendo um animal "[...] que se move rente ao chão". O fato é que Adão não devia ter comido do fruto que Eva ofereceu, mas ter assumido a responsabilidade por não ter zelado e cuidado do bem físico e da integridade de Eva e confessado seu erro para Deus quando foi interrogado por comer o fruto proibido[39]. Como já sabemos, ele decidiu transferir a responsabilidade para a Eva. A falta de hombridade de Adão trouxe consequências terríveis para os bens que Deus lhe confiou. Consequentemente, a serpente foi amaldiçoada[40] e trouxe maldição e dor física para a mulher[41] e ele teria que trazer recursos para sua família através de muito esforço físico[42]. O ultimato foi dado quando Adão e Eva foram retirados do jardim do éden[43]. Ou seja, todos os três pilares foram comprometidos e arruinados pelo erro de Adão, pela falta de hombridade.

Com José do Egito a história foi diferente. Ele foi um homem diligente em todos os seus caminhos a ponto de se tornar

39 Gênesis 3:11

40 Gênesis 3:14

41 Gênesis 3:16

42 Gênesis 3:17-19

43 Gênesis 3:23

o administrador dos bens de Potifar[44]. Conforme estudamos no primeiro dia, Josué era temente a Deus e íntegro a ponto de Potifar observar a presença de Deus nele[45]. Quando um homem tem temor e sabedoria de Deus, tem uma vida íntegra, as outras pessoas veem essas qualidades em tudo o que faz. Foi assim que aconteceu com José. O temor a Deus tem como consequência a sabedoria. Uma vida sábia e integra faz o homem prosperar e tudo o que está em suas mãos[46]. Assim como Adão, José também foi testado em sua integridade quando a mulher de Potifar seduziu-o para se deitar com ela. Mesmo depois dele ter sido colocado na prisão, seu caráter o fez administrador dos outros presos na prisão (pilar humano) e tudo o que acontecia lá[47]. O final da história já conhecemos e José se tornou governador do Egito.

Todo homem será desafiado quanto à sua capacidade de administrar e cuidar dos bens que lhe são confiados, e esse será o teste de sua verdadeira hombridade. José do Egito é exemplo de um homem que não se entregou às provações e desafios que surgiram em sua vida, pois estava certo da sua identidade, tinha temor a Deus, sabedoria e era íntegro e diligente em tudo. Em Colossenses 3:34-24 está escrito: "Tudo o que fizerem, façam de todo o coração, como para o Senhor, e não para os homens, sabendo que receberão do Senhor a recompensa da herança. É a Cristo, o Senhor, que vocês estão servindo". Tudo engloba absolutamente tudo, desde o planejamento até a finalização. Devemos colocar intenção em tudo, quando estamos fazendo reparos em nossa casa, trabalhando em um novo projeto, ensinando uma lição a nossos filhos e etc. É uma questão de coração. E quando

---

44 Gênesis 39:4

45 Gênesis 39:3

46 Gênesis 39:5

47 Gênesis 39:22-23

colocamos nosso coração intencionalmente em tudo o que fazemos e planejamos, colheremos abundância e prosperidade[48]. A Bíblia também garante uma posição de destaque para aqueles que trabalham diligentemente[49], riqueza e prosperidade financeira[50]. Essa garantia é uma forma de recompensa pela qualidade do trabalho realizado. Como não recompensar aquele que faz com excelência seu trabalho?

Agora é o momento de você analisar sua vida em todos e reconhecer se existe alguma área que você não está governando os bens que Deus lhe confiou. Não basta apenas ser um bom administrador, tem que ter caráter e sabedoria para administrar o que lhe é confiado, caso contrário sua má administração causará danos para as pessoas que estão à sua volta, para os bens que lhe foram confiados (a ponto de perdê-los) e consequentemente o prejuízo financeiro também acontecerá.

Confissão do dia: Decido hoje fazer sempre um esforço constante e consistente para realizar meus objetivos dados por Deus e nunca desistir. O que quer que eu faça hoje, farei com diligência e alegria como para o Senhor. Pagarei o preço pela excelência e farei as coisas com excelência.

---

48 Provérbios 21:5 ARC

49 Provérbios 22:29 ARC

50 Provérbios 10:4

DIA 6

CONSELHOS

Os planos fracassam por falta de conselho, mas são bem sucedidos quando há muitos conselheiros.

Provérbios 15:22

Não importa o que você planeja fazer, onde deseja ir e o tipo de cargo que você exerça, obter conselhos é a melhor forma de atingir patamares maiores e alcançar o sucesso. Praticamente todo o livro de Provérbios é composto de conselhos. Existem conselhos sobre todas as áreas da sua vida: casamento, finanças, sexo, adultério, e assim por diante. E este livro extraiu os melhores conselhos sobre masculinidade para que você desenvolva todo o seu potencial como homem.

Agora, me responda algo: Você já obteve fracasso em algo que você planejou fazer? Pode ser uma viagem, uma compra no supermercado, uma receita de comida ou até um plano de investimento para comprar um carro novo! Todo mundo, em algum momento da vida, já fracassou em algum plano que elaborou. Você pode até ter ouvido algumas opiniões sobre o assunto, mas creio que se você tivesse obtido conselhos das pessoas certas, não tenho dúvidas que você obteria sucesso. Entretanto, existe algo interessante nesta passagem. O sucesso de qualquer planejamento ou projeto está na obtenção de conselhos de várias pessoas. Todo homem deve estar cercado de conselheiros que lhe auxiliem no cumprimento do seu dever. O presidente dos Estados Unidos, por exemplo, tem diversos conselheiros para diversos assuntos: segurança, finanças, espiritualidade. Um conselheiro tem uma característica interessante: consegue ver uma situação com outra perspectiva mas não deixa de usar sua experiência para tomar a melhor decisão.

A perspectiva e a compreensão do homem são muito limitadas, ele não tem conhecimento de todos os fatos e pode estar cego por preconceitos, influências, tendências, emoções ou impressões erradas. Às vezes parece que estamos aprisionados em uma única maneira de pensar, pois fechamos nossa mente para novas opiniões. Esse é o principal motivo pelo qual precisamos de conselheiros. Deus deixou para nós a Bíblia, que é composta de conselhos sobre todas as áreas de nossa vida. Não há ninguém, nem a pessoa mais sábia que existe nesta terra, que possa te dar um conselho melhor do que a palavra de Deus[51].

Para você que exerce um cargo de liderança ou é um pai de família, a palavra de Deus nos sugere que obtenhamos conselhos para alcançar sucesso (realização). Provérbios 11:4 diz que a falta de bons conselhos faz o povo perecer, mas bons conselhos trazem segurança para o povo.[52] Se você tem família, pense nas consequências de uma decisão errada? É óbvio que toda a sua família vai ser prejudicada pelas decisões erradas que você cometer. Se você quer ter sucesso na liderança da sua família, na liderança dos seus negócios, esteja cercado de pessoas que lhe auxiliem nas

51 Provérbios 21:30

52 Provérbios 11:14

decisões mais críticas da sua vida, principalmente decisões que poderão impactar aqueles que estão sob a sua liderança.

Porém, nada adianta obter bons conselhos se não souber escolher os melhores ou as pessoas que vão lhe aconselhar. Roboão é o melhor exemplo da escolha errada das pessoas que ele decidiu acatar os conselhos. Ele ouviu bons conselhos das autoridades de Israel, porém decidiu ouvir e acatar os conselhos de jovens que haviam crescido com ele. Ele teve sabedoria em pedir conselhos, mas foi tolo em decidir qual acatar, errou em não avaliar as orientações recebidas da maneira adequada. Isso significa que ele não mensurou a consequência da decisão que cada conselho acarretaria, ocasionando por optar pela decisão errada e o fracasso dos seus planos, havendo divisão do reino de Israel[53].

Não tenha medo de colocar seus planos em prática. Precisamos compreender que, se você seguir bons conselhos, pessoas em um nível acima do seu e pessoas que já venceram dias difíceis, seu plano será bem-sucedido. Primeiro, é aconselhável obter bons conselhos e depois precisamos de inteligência e sabedoria para executá-los[54]. Precisamos da ajuda daqueles que podem ampliar nossa visão, nossa perspectiva. Busque o conselho de pessoas que o conhecem e que têm uma rica experiência. Tenha bons conselheiros. Esteja aberto a novas ideias e disposto a avaliá-las cuidadosamente. Seus planos serão mais fortes e terão maiores chances de sucesso quando você obtiver sábios conselhos.

---

53 1 Reis 12:1-24

54 Provérbios 20:5

DIA 7

REPUTAÇÃO

Vale mais ter um bom nome do que muitas riquezas; e o ser estimado é melhor do que a riqueza e o ouro.

Provérbios 22:1 (ARC)

Do que você gostaria de ser chamado se falassem a seu respeito? Melhor, como você acha que será reconhecido após sua morte? A verdadeira reputação de um homem não está sob o seu poder, mas nas mãos daqueles que realmente o conhecem e será revelada quando ele não estiver mais à vista de todos. Essa é uma verdade trágica, mas infelizmente muitos homens não saberão o que as pessoas realmente dizem quem ele é. É a sua maneira de viver, as palavras que você vai proferir, a maneira como você vai reagir às dificuldades da vida que vão dizer quem você verdadeiramente é. Porém, é necessário, antes de tudo, que todo homem tenha a sua identidade firmada em Jesus. Quando sabemos quem realmente somos em Jesus Cristo, esta verdade vai refletir em nossos atos, palavras e comportamento.

Antes de prosseguir, é necessário fazermos uma distinção entre caráter e reputação. A reputação está relacionada com o que fazemos para alguém. É a fama por algum ato heroico, bondoso ou contrário. Ou seja, está relacionado apenas com o exterior. Isso não quer dizer que suas verdadeiras intenções são as mesmas. Eu posso simplesmente fazer uma doação para uma entidade filantrópica, sair no noticiário como um homem bom, porém minha verdadeira intenção foi pagar menos impostos. Se não existisse esse benefício, provavelmente eu não faria essa doação. Provérbios 17:28 (ARC) já disse isso, quando diz "Até o tolo, quando se cala, é reputado por sábio; e o que cerra os seus lábios é tido por entendido." O caráter diz respeito ao interior, o que ele é, e não está preocupado com o que os outros vão pensar dele, desde que ele mantenha íntegro seus princípios e valores. David Vaughan expressou corretamente a definição de caráter em seu livro *The Pillars of Leadership* quando disse: "Não é primariamente o que um homem faz, mas o que ele é — não a sua influência, mas seu caráter". O que eu quero dizer é que um homem mau pode ter uma boa reputação. Ele pode ter a habilidade de esconder elementos do seu verdadeiro caráter a ponto de passar uma impressão falsa de quem ele verdadeiramente é para as outras pessoas. Já um homem bom pode ter uma má reputação, porém seus princípios e valores serão mantidos íntegros.

Agora você deve estar se perguntando, o que isso tem a ver com riqueza? Imagine a seguinte situação. Um determinado homem de negócios era conhecido em seu meio como uma pessoa honesta, íntegra, nunca estava em dívida com alguém, sempre pagava as pessoas que tinha um compromisso. Ele tinha essa virtude de "zelar pelo seu nome". Por algum motivo qualquer, sua empresa veio à falência e o que sobrou dava apenas para pagar as dívidas trabalhistas. Agora ele precisa recomeçar, necessitando de um investimento para voltar ao patamar que se encontrava anteriormente. Se ele fosse ao banco, a primeira ação seria analisar sua "ficha", ou seja, se ele era um bom ou mau pagador. Além do banco, ele também teria credibilidade com toda a sua rede de relacionamento, não somente na questão de dinheiro, mas em qualquer coisa que o ajudasse a se reerguer.

Um bom exemplo de homem que, além de zelar pelo seu nome e preservar seu caráter, estava preocupado com a reputação de Deus, era José do Egito. Ao ser tentado pela mulher de Potifar a se deitar com ela, ele literalmente fugiu da sua presença para que não cometesse tal pecado contra Deus[55]. Sua excelente reputação na prisão o fez chefe de todos os presos (mesmo ele sendo um deles) e que tinha a posse das chaves de todos os cárceres, sua integridade, fidelidade e intimidade com Deus o ajudou a interpretar os sonhos do Faraó e o colocou na posição mais alta do governo do Egito (estando apenas abaixo do próprio Faraó) e transformou esta nação na mais rica e poderosa da terra naquela época. Jacó foi outro homem que, apesar do seu nome significa "enganador" ou "usurpador", teve seu nome mudado para Israel, que significa "aquele que luta com Deus", após ter lutado com um anjo. O apóstolo Paulo[56], antes de se tornar apóstolo, se chamava Saulo e era conhecido por perseguir o povo cristão, e o mesmo reconhece sua reputação[57]. Depois da experiência com Jesus, ele começou a pregar a mensagem da salvação e teve muita dificuldade para que as pessoas o conhecessem pela sua nova função a ponto de tentarem matá-lo[58]. Um fato interessante sobre a vida de Paulo é que o nome Saulo significa "Aquele que foi conseguido por meio de orações", ou seja, mesmo ele ter sido chamado por Deus com esse propósito[59], ainda não sabendo desse chamado,

55 Gênesis 39:9

56 Atos 13:9

57 Atos 22:04

58 Atos 09:22

59 Atos 22:14-15

denegriu o seu próprio nome criando uma reputação pela qual ficou conhecido por todo o povo judeu.

A reputação requer que você tenha uma boa imagem para todas as outras pessoas. Moisés estava sobrecarregado com a função de julgar todo o povo de Israel e seu sogro Jetro disse que ele precisava de homens que lhe auxiliasse nesta tarefa e disse: "E tu dentre todo o povo procura homens capazes, tementes a Deus, homens de verdade, que odeiem a avareza"[60]. Que tipo de homem Moisés escolheria? Com certeza não foram os homens mais "populares" da tribo, mas os homens com caráter. Em outra passagem da Bíblia vemos os doze discípulos de Jesus diante de um problema em que um grande grupo de cristãos que ainda viviam em Jerusalém. A solução está em Atos 6:3 que diz: "Irmãos, escolham entre vocês sete homens de bom testemunho, cheios do Espírito e de sabedoria". Todos se agradaram da solução e então escolheram "Estêvão, homem cheio de fé e do Espírito Santo, além de Filipe, Prócoro, Nicanor, Timom, Pármenas e Nicolau, um convertido ao judaísmo, proveniente de Antioquia."[61]. Estevão, um dos homens escolhidos, era "homem cheio da graça e do poder de Deus"[62]. Logo após ter sido escolhido, Estevão teve sua fé e seu caráter provados com falsas acusações e, mesmo depois tê-la defendido com honra, foi morto apedrejado[63].

Por fim, gostaria de refletir numa frase de Theodore Roosevelt[64] que diz: "Antes que um homem possa disciplinar outros homens, precisa demonstrar sua habilidade em disciplinar a si

60 Êxodo 18:21

61 Atos 6:5

62 Atos 6:8

63 Atos 7:59

64 Theodore Roosevelt foi um estadista norte-americano e o vigésimo sexto presidente dos Estados Unidos, de 1901 a 1909.

mesmo. Antes de ser-lhe permitido comandar a comissão, ele precisa evidenciar o domínio de seu próprio caráter. Depois, olhe para o trabalho de suas mãos. Ouça as palavras de sua boca. Pelos seus frutos o conhecerá". O seu nome pode determinar sua reputação, mas nem sempre a reputação diz quem realmente você é. É você quem vai criar sua reputação e como as pessoas vão conhecê-lo. Gostaria de encorajá-lo a fazer a seguinte pergunta para as pessoas mais próximas de você:

Se você pudesse resumir em uma palavra que eu realmente sou, que palavra seria?

DIA 8

GENEROSIDADE

Quem é generoso será abençoado, pois reparte o seu pão com o pobre

Provérbios 22:9

A generosidade é uma força de caráter que vem acompanhada de compaixão, reconhecendo a humanidade do próximo, suas limitações e ainda considerá-lo merecedor de um gesto de compaixão. Ser generoso é demonstrar riqueza emocional e espiritual e se contrapõe ao individualismo e ao egoísmo, deixar de lado os seus próprios interesses para ajudar o próximo e agir com amor e misericórdia. Existem três promessas garantidas na palavra de Deus para um homem generoso:

- Abençoado[65]: ser digno das bênçãos de Deus, favor imerecido. Não somos generosos porque a outra pessoa precisa, mas, porque temos um coração grato por tudo o que Deus nos deu e compartilhamos com o próximo com amor sem esperar nada em troca.

65 Provérbios 22:9

- Prosperidade[66]: neste caso a prosperidade deve ser interpretada como prosperidade espiritual. Deus garante alívio para a nossa alma.
- Será recompensado[67]: mediante tratar bem e auxiliar o próximo.

Essa passagem de Provérbios é uma lei espiritual. Se você deseja ser abençoado, seja generoso. É uma força de caráter que todo homem deve ter e passar para seus filhos. Porém, existe uma chave para entender o princípio de ser abençoado através da generosidade, e está na segunda parte desse versículo: "repartir o seu pão com o pobre". Tudo o que nós temos, nossos recursos, foram dados por Deus para nosso sustento e para abençoarmos outras pessoas. Somos chamados a ajudar as pessoas com suas necessidades espirituais e suas necessidades práticas. Essa é a prática do segundo mandamento: "Amar o próximo como a ti mesmo"[68].

O significado de "repartir o pão" desta passagem significa deixar de usufruir de algo que é necessário, porém sem que venha a lhe faltar, movido de compaixão e misericórdia, doar ou repartir com o próximo. É quando você decide, movido de compaixão, a deixar de usufruir de um benefício imediato, mas sabendo que você poderia obter isso em outro momento, para que o próximo seja saciado. Não significa que você vai dar tudo o que você tem para doar ao próximo. Se você fizer isso vai trazer escassez para sua vida e sua família. Você sabe que consegue obter o pão no dia seguinte, mas o pobre não sabe nem se estará vivo. Abaixo alguns resultados da generosidade:

66 Provérbios 11:25

67 Provérbios 19:17

68 João 13:33

- Alegria[69] para ambas as partes, para quem dá e para quem recebe;
- Ação de graças[70];
- Bênção[71].

Um dos melhores exemplos encontrados na Bíblia de um homem generoso é a do Bom Samaritano. A parábola conta que, um determinado homem foi espancado, torturado e despido por assaltantes, deixando-o quase morto na estrada. Passaram um sacerdote e um levita, homens que deveriam guardar os mandamentos em seu coração e os primeiros a serem misericordiosos com o homem quase morto, porém, não o fizeram. Entretanto, um homem samaritano — povo que não se considerava judeu e por isso era considerado impuro por eles —, ao ver aquele homem, foi tomado por compaixão e cuidou dele. Ele repartir seus recursos ao cuidar das feridas dele e derramar vinho sobre elas, doou do seu dinheiro para hospedar aquele homem e pagar por todo o seu cuidado, doou sua comodidade de viajar montado em seu animal para colocar aquele homem e doou o seu tempo atrasando a sua viagem para deixar aquele homem em um lugar seguro que não morresse, pois saberia que sem os seus cuidados ele não sobreviveria. O pão que esse homem repartiu foi seu vinho, seu tempo, seu conforto e seu dinheiro. Conforme os líderes religiosos da época de Jesus, a pessoa que demonstrava a menor possibilidade de ajudar o homem ferido era o samaritano.[72]

Se você é um homem convertido a Jesus, sabe que o maior ato de generosidade do mundo foi Deus ter dado seu filho Jesus Cristo para morrer em nosso lugar. Antes, estávamos como o ho-

69 Atos 22:35

70 2 Coríntios 9:12

71 Provérbios 19:17

72 Comentário da página 1186 da Bíblia de estudos Desafios de todo homem

mem pobre da passagem central deste estudo, destinados à morte eterna, porém, Deus teve grande misericórdia e amor por nós ao dar seu filho para morrer em nosso lugar e ao crermos na obra salvífica da cruz de Cristo, tenhamos a vida eterna[73].

Se você deseja ser um homem generoso, segue algumas dicas que você pode colocar em prática a partir de hoje:

- Doar com regularidade[74]: se comprometa em ajudar alguém, algum ministério ou fundação sem esperar nada em troca.
- Doar o que você pode[75]: doe somente aquilo que você saber que vai lhe faltar.
- Doar com alegria[76]: deve ser um ato feito de livre e espontânea vontade. Deve trazer um sentimento de paz e alegria em seu coração.
- Doar com sabedoria[77]: não comprometa você nem sua família. Se você deseja doar dinheiro, tenha um planejamento financeiro e tenha garantia de que esse dinheiro não vai lhe faltar.

Homens considerados "bons" observam em primeiro lugar as necessidades dos outros, já os maus só veem a própria necessidade. Decida hoje ser um homem generoso!

73 João 3:16

74 1 Coríntios 16:2

75 2 Coríntios 8:12-13

76 2 Coríntios 9:7

77 Tiago 1:5

DIA 9

DETERMINAÇÃO

Se você vacila no dia da dificuldade,
como será limitada a sua força!

Provérbios 24:10

Todo homem já passou por algum momento de dificuldade, angústia, uma dor tão grande que você faria de tudo para se livrar dela. Pode ter sido o desemprego, perseguição no trabalho ou alguma pessoa que espalhou mentiras sobre você somente visando prejudicá-lo. Até Jesus Cristo passou por um momento de angústia tão intenso que pediu para Deus o livrar dela, a ponto de suar sangue ao carregar o pecado de toda a humanidade[78]. O problema não está em passar por dificuldade ou angústia, mas não ter forças para vencê-la. Nós homens precisamos desenvolver a capacidade de suportar pressões, diversidades e angústia e é nesse momento que demonstramos nossa força de superação e somos provados em nosso caráter, maturidade e hombridade. Adão foi o primeiro a vacilar em um momento de pressão, quando permitiu que Eva comesse do fruto proibido (lembrando que a ordem para cuidar do jardim e não comer do

78 Mateus 26:36-46

fruto proibido foi dada para Adão e não a Eva, sendo sua responsabilidade evitar que isso ocorresse) e Deus o colocou na parede ao ser questionado se ele tinha comido do fruto da árvore. Não tenho dúvidas que este foi um momento de angústia e medo do questionamento que foi posto. Entretanto, ele falhou. Não teve força suficiente para assumir a responsabilidade, mas a transferiu para Deus[79]. Ao contrário de Jesus que, além de não fracassar, carregou nossa cruz e morreu por nós. Jesus Cristo disse que as aflições e perseguições estarão sobre a vida de todo homem. Ele mesmo passou por tudo que todo homem passaria aqui na terra, porém ele garantiu a vitória sobre todas as aflições que o mundo nos oferece[80].

Esteja certo que o dia da angústia vai chegar, mas a pergunta implícita neste versículo é: O que você vai fazer quando passar por este momento? Meu amigo, você tem apenas duas opções: ou você desiste e se entrega, ou você enfrenta o desafio e o vence. A palavra "se", que inicia este versículo, é uma condicional e está relacionada com a sua força de superação. Você pode, em um determinado momento, estar fraco, mas não se mostrar fraco. A palavra "mostrar" significa "deixar transparecer", ou "deixar aparecer", e indica falta de capacidade de produzir algo, ausência de ânimo para finalizar um projeto, não ter coragem para tomar as rédeas da sua vida e batalhar para mudar o momento em que se encontra, ausência de hombridade para dizer não, falta de vergonha na cara para fazer o que precisa ser feito.

Esta passagem mostra que não temos força para agir e lutar quando demonstramos fraqueza no dia da adversidade. O dia da dificuldade vai chegar, mas eles são tempos úteis e podem mostrar quem realmente somos, o tipo de caráter temos e como

79 Gênesis 3:6-13

80 João 16:33

iremos desenvolver novas habilidades para nos fortalecer. Esses dias devem servir para nos tornar mais fortes. A dificuldade que você está enfrentando hoje servirá como um treinamento para que você se fortaleça e enfrente outros dias de dificuldades no futuro. É um processo de reaprendizagem e fortalecimento das suas crenças e convicções, que serão testados até o seu limite.

Jeremias é um homem que enfrentou dificuldades com seu chamado. Ele vivia no meio do pecado do povo de Judá e presenciava o estilo ímpio daquele povo. Entretanto, ele fez uma pergunta que, muitos de nós em algum dia da nossa vida, já fizemos: por que o ímpio prospera?[81] A resposta de Deus é interessantíssima: "Se você tropeçar em terreno seguro, o que fará nos matagais junto ao Jordão?"[82]. Deus questiona Jeremias que a sua confiança e força está firmada em algo passageiro e fadado à destruição. Se Jeremias estava confiando sua fé nisso, o que ele faria quando essa terra for destruída? Novamente a condicional "se" aparece, mostrando que se estamos tão fracos e tropeçamos por colocar nossa confiança em algo passivo de destruição, não teremos condições de suportar uma situação pior.

O dia da angústia é passageiro, temporário com data para terminar. Este dia pode vir por dois motivos: por desleixo e irresponsabilidade nossa ou pela permissão de Deus. Independente do motivo, todo homem deve ter a hombridade de superar e vencer o dia mau. Não é para você esperar que sua esposa "arregace as mangas" e faça o que precisa ser feito. Ela espera que você faça isso. Melhor, este é o seu papel. Deus observa a nossa posição enquanto estamos passando pelo dia mau. Então, a pergunta é: O que Deus faria em tempo de angústia? O que a igreja primitiva fazia quando era perseguida? A Bíblia diz:

81 Jeremias 12:1

82 Jeremias 12:5 (ARA)

- Clame a Deus no dia da angústia e Ele o livrará. O livramento de Deus está condicionado a reconhecê-Lo que o livramento veio Dele.[83]
- Clame a Deus e Ele lhe dará uma resposta[84].
- Evite murmurar. Não perca o equilíbrio emocional, não bata a porta, não discuta com sua esposa ou filhos, não desconte a sua raiva em outras pessoas. Ao evitar todas essas coisas, a palavra promete livramento de angústias em nossa alma[85].
- "Deus é o nosso refúgio e fortaleza, socorro bem presente na angústia"[86].
- "Ó Senhor, fortaleza minha, e força minha, e refúgio meu no dia da angústia"[87]

Ao contrário do que muitos devem pensar, Jesus Cristo não se mostrou fraco ao pedir para que Deus o aliviasse do momento de sofrimento. Ele estava apenas buscando força em Deus para vencer este período de angústia. Ao invés, dobre os seus joelhos e clame a Deus, saia da posição de "coitadinho" e use as suas habilidades para produzir algo novo. Gosto do comentário de Thomas Coke: "Você não é um homem de coragem, se você não pode suportar a adversidade com a mesma mente". A adversidade vem para testar nossa força. Adão falhou (conforme vimos anteriormente). Davi falhou diante de uma mulher nua[88]. Elias, mesmo após ter visto um grande milagre de Deus diante dos profetas de Baal, diante da ameaça de Jezabel, teve medinho e se

83 Salmos 50:15

84 Salmos 120:1

85 Provérbios 21:23 (ARA)

86 Salmos 46:1 (ARA)

87 Jeremias 16:19 (ARA)

88 1 Samuel 27:1

escondeu em uma caverna[89]. Jonas teve medo do povo de Nínive e tentou fugir de Deus quando recebem a ordem de pregar para aquele povo[90]. A Bíblia é cheia de exemplos do que não devemos fazer. Nos exemplos anteriormente mostrados, ela nos ensina que a palavra de Deus é mais poderosa do que qualquer ameaça, que não devemos olhar para mulher alguma (ceder à tentação) e que a perversidade não é maior que a palavra de Deus. Minha pergunta final é: E você, o que vai fazer diante de uma situação difícil?

89 1 Reis 19:3-4

90 Jonas 1:1-3

DIA 10

MATURIDADE

Termine primeiro o seu trabalho a céu aberto; deixe pronta a sua lavoura. Depois constitua família.

Provérbios 24:27 (NVI)

Para você que ainda não é casado, gostaria que fosse sincero consigo mesmo. O que realmente move o seu coração para se casar? Alguns homens podem até dizer que tem a intenção de formar uma família, ter filhos e toda essa conversa que já conhecemos. Mas, o que eu tenho visto, são homens querendo arranjar motivos para liberar a explosão de testosterona acumulada. Ou seja, o casamento se torna somente um motivo para fazerem sexo. Acham que, casados, adquirem o cartão verde para fazerem sexo quando quiserem e quantas vezes desejarem. Alguns homens desejam satisfazer seus próprios interesses ao invés do próximo. Poucos sabem, mas o sexo no casamento é apenas um complemento da união do casal. Alguns homens ainda dizem que "sexo é uma das coisas que você menos vai fazer quando casado, principalmente quando tem filhos!".

Edwin Louis Cole disse que "A Maturidade não vem com a idade, mas com a aceitação da responsabilidade. Você é jovem somente uma vez, mas a imaturidade pode durar uma vida inteira". Existem duas vertentes nesta verdade, a maturidade e a responsabilidade. Ambas devem andar juntas. É lamentável ver homens casados e totalmente irresponsáveis com a família e com suas próprias vidas. Não tiveram o mínimo de preparo antes de se casarem, sem a menor noção do que é o casamento.

Esta passagem de Provérbios revela um requisito que todo homem precisa ter antes de casar: maturidade. O trabalho é uma forma de adquirir responsabilidade e se tornar o homem maduro. Vamos analisar a seguinte situação: Se um homem (podemos dizer que este homem seja um fazendeiro) não prepara a terra no tempo certo e plantar as sementes, além de cuidá-las, certamente não terá condições de fazer a colheita no tempo correto. Agora, digamos que ele faça o preparo da terra, a plantação e cuidar dela, se ele não construir um celeiro a tempo da colheita, provavelmente perderá a estação do plantio e ficará sem ter onde armazenar e perderá toda a plantação.

Gosto da versão deste versículo contida na Nova Tradução da Linguagem de Hoje que diz: "Não construa a sua casa, nem forme o seu lar até que as suas plantações estejam prontas e você esteja certo de que pode ganhar a vida". Durante o processo de preparação do campo o homem deve lidar com diversas situações que irão prepará-lo e o amadurecer para formar uma família. É necessário desenvolver habilidade de planejamento de recursos (materiais, financeiro, emocional), aprender a negociar com outras pessoas, aprender a se articular como uma pessoa adulta (madura), lidar com os imprevistos, saber como vencer os desafios que aparecerão durante o processo de preparação do campo, aprender a tomar as decisões corretas para obter sucesso, saber que existem momentos em que você precisará se sacrificar para obter o sucesso do plantio, proteger a sua plantação contra pestes e pragas para que ela não morra, aprender a gerenciar as finanças, pois o retorno financeiro do plantio vinha em períodos de ano, ou seja, ele precisava saber gerenciar os recursos financeiros para que não houvesse escassez. Isto é, ele deve estar pronto para dar segurança para sua futura família. Este processo é um treinamento para a formação do caráter de um homem e o deixará apto para formar uma família, pois são situações como esta que todo homem vai lidar durante toda a sua vida e precisa estar preparado. Este é um aviso para que jovens não se casem de forma precipitada e imprudente.

Todo homem precisa ter maturidade em diversas áreas da sua vida para proporcionar conforto e segurança para sua família. Vamos falar sobre as 9 áreas críticas que todo homem precisa desenvolver a maturidade:

1. MATURIDADE PARA SE COMUNICAR E ARTICULAR COMO UM VERDADEIRO HOMEM

Você deve ter habilidade de falar corretamente, se articular como um homem maduro, saber como se portar diante de outros homens de igual para igual. Não se comporte como um adolescente diante de homens maduros. Isso é imaturidade. O que você acha que os outros homens vão pensar de você? Se você já é um homem adulto, aja e se comporte como um homem na idade que você tem. Esteja cercado de homens da sua idade e, de preferência, mais maduros (não falo aqui mais velhos, pois, infelizmente, vemos homens já de meia-idade mais imaturos do que jovens), analise como eles conversam com outros homens, como se comportam à mesa com outros homens, como cumprimentam, como tratam de negócios, que assunto eles conversam entre si, como eles planejam suas vidas, seu futuro, como eles lidam com suas esposas e filhos.

2. MATURIDADE PARA TOMAR DECISÕES RESPONSÁVEIS

Decisões fazem parte do dia a dia de todo homem. O problema não está em errar em algumas decisões, mas não ter a maturidade suficiente para tomar a decisão correta e somente depois do estrago perceber que a falta de maturidade o levou a tomar a decisão errada. Além da maturidade, a inteligência emocional é outro atributo que todo homem deve ter na tomada de decisões. Se você deseja ser um bom líder em seus negócios e até mesmo alcançar uma posição de liderança no seu trabalho, você precisa ter maturidade para tomar decisões. Um homem indeciso ao tomar decisões é reflexo da falta de maturidade. Cada decisão, ou a falta de decisão, vai impactar toda a sua família. Sua esposa precisa se sentir segura nos momentos em que uma decisão difícil precisa ser tomada por você. Um verdadeiro homem sabe como tomar uma decisão e lidar com suas consequências — mesmo se as consequências sejam ruins.

3. MATURIDADE PARA ENTENDER O QUE ESTÁ ACONTECENDO À SUA VOLTA

Você, como futuro homem de família, deve estar apto a interpretar e avaliar questões sobre política, economia, educação, moralidade e tudo o que pode impactar o futuro da sua família e educação dos seus filhos. Você é responsável por guardar a sua família dos impactos externos. Se você não é capaz de analisar o que está acontecendo à sua volta para prever que sua família seja impactada — isso é um sinal de imaturidade. Um celeiro tem a função de guardar a plantação de eventos externos e manter a família financeiramente protegida.

4. MATURIDADE PARA DEMONSTRAR CORAGEM EM MEIO À TEMPESTADE

Se você pensa que a vida de um homem de família é parecida com a imagem que você tem do céu (anjos, bebês bonitinhos pulando nas nuvens tocando harpa e sempre felizes), está muito enganado. Momentos de aflição e angústia podem aparecer em diversos momentos durante a sua vida e em sua família. No nono dia falamos um pouco sobre como podemos nos posicionar em dias como esses. Entretanto, em todas as ocasiões, a maturidade de um homem é demonstrada quando ele assume riscos em defesa do próximo, especialmente a esposa e filhos, ou quando se posiciona em meio a alguma situação que não poderá negar seus princípios e valores.

Em dias de tempestade, a coragem é uma qualidade que deve atuar em conjunto com maturidade. Coragem para trazer segurança para sua família; para trazer estabilidade física, emocional e financeira; para manter sua integridade moral. Sua família precisa ver em você este exemplo de coragem. Como você vai se posicionar quando a tempestade vier? Você vai chorar e correr para debaixo da saia da sua mãe, ou vai enfrentá-la e vencer em prol da sua família? Enquanto você estava solteiro, seus pais tinham a responsabilidade de cuidar do seu bem-estar. Agora, casado, essa responsabilidade não existe mais, foi cortada no momento em que você formou uma nova família, e seus pais têm a função de serem conselheiros e não salva-vidas.

5. MATURIDADE PARA GERENCIAR AS FINANÇAS DA FAMÍLIA

Você realmente acha que, ao chegar em casa depois de um dia de trabalho e de ter recebido o salário do mês, vai entregar o dinheiro para sua esposa, se sentar no sofá, assistir a uma partida de futebol e esperar que sua esposa pague todas as contas e administrar as finanças da sua família? Infelizmente, essa é a verdade em muitas famílias. Eu cresci vendo esse modelo sendo praticado e sua desastrosa consequência no casamento dos meus pais. Eu vi uma mulher totalmente sobrecarregada e um homem aparentemente tranquilo, mas acomodado. O resultado você já deve imaginar. Todo homem deve:

- Ser o principal provedor financeiro
- Fazer um orçamento familiar
- Acompanhar e gerenciar os gastos constantemente
- Saber economizar e investir o dinheiro da família
- Saber gastar de forma consciente
- Saber identificar as prioridades da família
- Qualquer gasto que não esteja no orçamento deve ser discutido em família

Ter que dividir a responsabilidade de suprir financeiramente a família com sua esposa é uma carga muito pesada para ela. A mensagem de Provérbios deste capítulo é direcionada exclusivamente para o homem. Olhe as mulheres à sua volta e veja como estão vestidas e como se comportam? A maioria delas sempre está bem arrumada e creio que não é para atrair outros homens, mas o mercado profissional é assim. A boa impressão faz parte do sucesso profissional. Se elas trabalham, precisam estar bem-vestidas e arrumadas. Agora, imagine sua esposa em reuniões com homens mais bem-vestidos do que você, com bom porte físico, mais maduro e rico? Quando ela chega em casa, se depara com o que? Vou deixar você completar essa frase! Não quero dizer que nossas esposas não precisam trabalhar, mas que, se trabalharem, que seja para realização pessoal e que não prejudique o funcionamento da família nem seu relacionamento.

Se você não tem essas habilidades, está na hora de desenvolvê-las imediatamente. Procure homens que possam ajudá-lo neste processo de desenvolvimento desta área da sua vida. Deixe de lado as distrações e procure se aprimorar para aumentar sua renda familiar e tirar este fardo de sua esposa. Isso é amor.

6. MATURIDADE FÍSICA PARA TRABALHAR E PROTEGER SUA FAMÍLIA

Primeiramente, olhe para você? Analise sua estrutura física e emocional! Está na cara que nós homens somos mais fortes física e emocionalmente do que as mulheres. Isso não é por acaso, foi projetado por Deus para sermos assim. Se você é homem, é porque Deus te criou com toda a capacidade de ser o provedor da sua família. Após Deus ter criado Adão e o colocado no jardim do éden, Ele primeiramente lhe deu trabalho. Ele tinha uma função e somente depois Deus criou a mulher e lhe deu uma função: a de ser a sua auxiliadora.

Quando assumimos a responsabilidade do trabalho e sustento da família, automaticamente estamos protegendo e trazendo segurança para nossa família. Nossa esposa e filhos se sentirão seguros e protegidos quanto fazemos a nossa parte. Sua esposa vai cobrar essa responsabilidade de você. Não seja covarde em transferir sua responsabilidade para ela utilizando a desculpa que a sociedade dos dias atuais se modernizou. Esse modelo atual está destruindo os verdadeiros valores da hombridade na vida dos homens e tirando deles a garra de lutar e proteger a família.

7. MATURIDADE PARA LIDERAR SUA ESPOSA E FILHOS

Olhe ao seu redor e analise como os outros homens cuidam e lideram suas famílias. Escolha um homem mais maduro e veja atentamente como ele exerce sua liderança na família. Aprenda com ele. Para alguns homens o próprio pai não é um modelo a ser seguido e por este motivo é necessário procurarmos outros modelos para nos espelharmos. Se você não exercer seu papel de líder da família, é provável que a sua esposa se sinta impelida em exercer e, se isto acontecer, você será responsável por desestruturar os alicerces que sustentam a família. O papel de liderar é do homem e, quando este não o exerce e a mulher assume esta responsabilidade, o papel da mulher fica fragilizado e a estrutura fica comprometida.

Você nasceu com esta garra de liderança e ela foi dada por Deus quando criou o homem. Está em seu DNA, basta você resgatá-la e exercê-la.

8. MATURIDADE PARA ASSUMIR A RESPONSABILIDADE COMO MARIDO E PAI

A família é como uma organização, onde cada um tem o seu papel e sua responsabilidade. Quando você transfere sua responsabilidade, a estrutura organizacional da família fica desprotegida e fragilizada. Isso também acontece quando sua esposa tem que assumir alguma responsabilidade que é sua e que você não faz. Por que você acha que isso acontece? Porque é necessário que haja alguém para fazer as coisas acontecerem, e essa pessoa é você.

Seus filhos precisam aprender com você a honrar e respeitar sua esposa, aprender a conquistar o respeito e confiança da sua esposa e deles. Como pai , você é responsável pelo desenvolvimento do caráter dos seus filhos e ensiná-los a serem pessoas íntegras. Você deve ser hoje o espelho do que seus filhos serão no futuro. A maneira como tudo isso vai acontecer é quando você assume a responsabilidade pelo seu papel.

A mentalidade de todo homem deve ser a de servir a família, e não de ser servido, como se ele fosse um ditador de sua esposa, e filhos fossem seus servos. Os relacionamentos entre cônjuges e filhos têm sido prejudicados devido a esta forma errada de pensar. A decisão para desenvolver a maturidade é diária, porém deve o jovem ter maturidade suficiente para exercer a função de marido e pai.

DIA 11

DOMÍNIO PRÓPRIO

Como a cidade com seus muros derrubados,
assim é quem não sabe dominar-se.

Provérbios 25:28 (NVI)

A expressão domínio próprio, que vem do grego *enkrateia*, significa: temperança, moderação ou autocontrole sobre os próprios desejos e paixões. Literalmente quer dizer "reprimir com mão firme". Outro significado interessante é "dominar os seus impulsos, controlar seus atos, suas emoções". Ter domínio próprio é ter o total controle sobre o seu corpo, emoções, pensamentos, vícios e impulsos. O ser humano foi criado e dividido em 3 partes: corpo, alma e espírito. Quando não temos o domínio sobre nossa alma, nosso corpo responde ao estímulo e nosso espírito será prejudicado (nossa comunhão com Deus). Quando não dominamos nosso corpo, a alma é afetada e consequentemente nosso espírito é prejudicado. Sendo assim, entendo que a chave está em **dominar** o corpo e a alma.

A primeira ordem que Deus dá ao homem após tê-lo criado é de dominar sobre a criação de Deus[91], governar, controlar e

91 Gênesis 1:26, 28

ter autoridade. Adão, o primeiro homem, foi o único que provou, mesmo que por um período, a capacidade de ter o total domínio sobre todas as coisas. Como resultado da sua resposta a ordem de Deus, Ele, ao final do dia, ia ao Jardim para conversar com Adão, como pai e filho. Entretanto, quando cedemos a qualquer estímulo que desafie a capacidade do homem de controlar seu corpo e alma, perdemos a capacidade de termos uma relação de total intimidade com Deus. E foi exatamente isso que aconteceu com Adão quando ele pecou ao comer o fruto da árvore do mal. Como resultado, eles foram expulsos do jardim do éden e perderam a total intimidade com Deus, da forma como acontecia no Éden. O primeiro homem não mostrou hombridade para cumprir com sua missão e, infelizmente, o problema se arrasta até os dias atuais, sendo necessário que o perfeito Adão viesse na terra para provar ser possível exercer a total hombridade e domínio sobre todas as coisas: ele foi tentado e provado em tudo[92] e mostrou ser possível vencer qualquer estímulo que leve a nos afastar de Deus.

Todo homem tem alguma área que luta diariamente, como raiva, medo, pornografia ou drogas e, constantemente, somos desafiados nestas áreas. Não há nenhum problema em ser tentado em qualquer uma dessas áreas, pois até Jesus foi tentado, mas o grande desafio é não ceder à tentação e não deixar que ela o domine. Cedemos à tentação primeiramente em nosso coração e somente depois ela se externaliza na forma física ou mental.

Quando não conseguimos responder algumas simples perguntas, significa que falta domínio sobre determinadas áreas e nos leva a ceder à tentação.

— Por que não consigo perder peso?

— Por que não consigo deixar de olhar sites pornográficos ou ficar olhando para o corpo de outras mulheres?

---

92 1 Coríntios 13:13; Hebreus 4:5

— Por que não consigo segurar minha língua quando alguém me insulta?

O problema não é a outra pessoa, as diversas propagandas de mulheres que aparecem no meu celular, as mulheres que usam roupas indecentes nas ruas e até mesmo a minha tireoide que dificulta a perda de peso. O problema é você! A chave para o sucesso e ter o total domínio próprio está em obter o controle total dos seus desejos e emoções.

Existem quatro áreas principais que todo homem deve ter o domínio, e são elas: língua, desejos, ira e apetite.

DOMÍNIO DA LÍNGUA (PROVÉRBIOS 10:19)

A Bíblia já nos alerta que uma das áreas mais difíceis de dominar é a língua. Ela é um dos órgãos mais difíceis de dominar, e possui o poder de abençoar e amaldiçoar uma pessoa, uma cidade e até um país[93]. Mas, quando usada da forma incorreta, o grande prejudicado somos nós mesmos. Provérbios 18:21 diz que comeremos do seu próprio fruto. Ou seja, aquilo que proferimos vai retornar algum dia. Essa é a grande chave para entendermos o motivo pelo qual Deus recomenda a dominarmos nossa língua.

A língua reflete quem realmente somos. Se proferimos palavras ruins, isso significa que nosso coração está cheio de coisas ruins e más e, consequentemente, são essas coisas que governam nossa vida.[94] Quando temos o domínio sobre a língua, você protege sua alma de angústias, depressão e desespero[95]. O domínio próprio nos ajuda a manter a boca fechada quando queremos dizer algo que não deveria. Evitamos brigas, desentendimentos, se-

93 Provérbios 18:21

94 Tiago 1:26

95 Provérbios 21:23

paração e maldição. Não há uma fórmula mágica para conseguir obter o domínio sob a língua. Quando temos a consciência de que estamos amaldiçoando outra pessoa, uma cidade ou um país, estamos amaldiçoando a criação de Deus.

Um ótimo exemplo de um homem que soube dominar sua língua foi Jó. Mesmo diante de tudo o que aconteceu com ele, seus lábios não proferiram palavras de maldição[96], mesmo que tenha sido tentado pela sua própria esposa a amaldiçoar a Deus[97]. Precisamos ser como Jó onde as circunstâncias não podem determinar o que vai sair da minha boca, mas usar elas para determinar bênçãos sob a minha vida e para outras pessoas.

DOMÍNIO DOS DESEJOS: FORNICAÇÃO E LASCÍVIA

Não somos seres irracionais, não somos pegos de surpresa e não cedemos aos desejos pecaminosos por acidente. Temos plena consciência quando somos tentados e suas consequências quando cedemos. Vamos falar sobre duas áreas onde muitos homens são tentados: fornicação e Lascívia.

- Fornicação é toda a prática sexual ilícita que não seja entre marido e mulher. Ela também originou a palavra *pornografia*. O termo é muito mais amplo que meramente penetração, ela também significa: olhar para, tocar, fantasiar fora dos limites aceitáveis. Entretanto, a Bíblia descreve fornicação como:
- Fornicação: imoralidade sexual com o sexo oposto, dentro ou fora da aliança do casamento[98]

96 Jó 27:4

97 Jó 2:9

98 1 Coríntios 6:18

- Adultério: relação sexual com o sexo oposto fora da aliança do casamento.[99]
- Homossexualidade: relação sexual com outra pessoa do mesmo sexo.[100]
- Masturbação (Luxúria mental ou visual): relação sexual na mente.[101]
- Bestialidade: relação sexual com animais.[102]
- Estupro: relação sexual forçada com alguém.[103]
- Incesto: relação sexual com parentes.[104]
- Sexualidade descontrolada: devassidão, lascívia, ter atitudes e comportamentos morais sem restrições, especialmente: desconsiderando as restrições sexuais marcadas pelo desrespeito, pelas regras estritas de correção, indulgência extrema na sensualidade, luxúria desenfreada.[105]

Em resumo, o ato de fornicação nada mais é do que a falta de controle dos desejos pecaminosos. Uma das estratégias utilizadas para "enlaçar" os homens no mundo da promiscuidade é de forma gradativa, porém letal. A lascívia ou fornicação começa pelo interesse em alguns temas e despertar o desejo em buscar algo sobre o assunto. À medida que o homem cede aos desejos, ele se aprofunda ainda mais no assunto a ponto de iniciar na pornografia. Dado que a pornografia toma conta da sua

99 Provérbios 5; 6:24-29

100 Romanos 1:24-27

101 Mateus 5:27-32

102 Êxodo 22:19, Levíticos 18:23, 20:16

103 Gênesis 34:2, Deuteronômios: 22:25-27, Juízes: 19:25

104 Levíticos 18:6-18, 20:11-12, 17

105 Marcos 7:22, Romanos 13:13, Efésios 4:19, Gálatas 5:19

mente, outros desejos mais bizarros vão surgindo até que, quando se dá conta que está tão afundado na promiscuidade, percebe que não tem mais forças para sair dela.

É necessário encontrar o gatilho que ativa o desejo por buscar a promiscuidade. Pode ser um momento de frustração ou após uma discussão que ativa em você o desejo de buscar algum alívio, e, visto que o interesse por assuntos sexuais já tenha sido desperto em você, o seu cérebro manda um comando para você buscar coisas que lhe dão alívio para suas frustrações, e é agora que você começa a olhar promiscuidade em tudo. Olha para o corpo de outras mulheres e, como um passe de mágica, as imagens de mulheres sensuais começam a pipocar na rede social e tudo isso para ativar o gatilho de alívio da sua frustração.

Um péssimo exemplo de homem que não sabia controlar seus desejos foi Sansão. Ele tinha o espírito de Deus, uma missão bem definida e força para cumprir seu chamado, mas não tinha o controle sob seus desejos que o levaram à sua morte: sexual, ganância, ira e vingança. Primeiramente, ele tomou uma mulher do povo inimigo de Israel, desobedecendo à ordem de seus pais simplesmente por que "Toma-me esta, porque ela agrada aos meus olhos" (Juízes 14:3). Nesta passagem, vemos que os desejos de Sansão eram maiores que a obediência à ordem de seus pais. Ao final da sua vida, Sansão morreu sem seus olhos, aqueles incendiaram seu coração.

A vontade de Deus é nos mantermos santos, irrepreensíveis e longe da fornicação. Devemos nos santificarmos diariamente. O mandamento de santificação é uma decisão diária e somente você conhece os desejos que te levam a estar longe de Deus.[106]

---

106 1 Tessalonicenses 4:3-5

DOMÍNIO DA IRA

Imagina a seguinte situação: depois de um dia de trabalho estressante, ao retornar para casa de carro, um homem, Paulo (uma pessoa qualquer), freia no sinal de trânsito e aguarda o sinal verde para seguir. Ao ficar verde, Paulo se prepara para sair quando de repente outro carro corta a sua frente bruscamente para entrar na sua fila, sem ao menos pedir para ele, gentilmente, ceder o espaço. Paulo, julgando que está no seu direito, arranca na frente dele e o fecha, sai do carro furioso, pega a gola da camisa do outro motorista e quase o arranca para fora e coloca para fora todas as suas razões pelo qual Paulo acredita que ele não deveria ter feito isso. Quando Paulo percebe, no banco de trás, está a esposa daquele motorista passando mal. Este motorista estava correndo para levá-la ao hospital.

Não sei se você já passou por algum episódio parecido, mas independente do que tenha acontecido, o que Paulo não conseguiu dominar foi a ira que ele sentiu por ser ofendido no trânsito. Nada justifica o ato de um homem quando não está dominando a ira que sente em seu interior. Romanos 8:8, parte 1, diz que: "Quem é dominado pela carne não pode agradar a Deus..." Isto é, se um homem não consegue dominar os desejos (atos, pensamentos) provenientes da natureza humana, não obterá o favor de Deus, pois não é o Espírito de Deus quem está no controle de sua vida, mas os desejos da carne manifestos em atos contrários à palavra de Deus. Um homem dominado pelo Espírito de Deus é aquele que exala amor e moderação em suas atitudes e palavras[107]. Gálatas 5:22-23 já mostra que um dos frutos do Espírito é domínio próprio, paz, mansidão e paciência. Este versículo também deixa claro não haver lei contra essas coisas. O motorista deveria ter pedido para Paulo ceder a vaga, mas mesmo tomando esta atitude, se Paulo tivesse dominado a raiva, o Espírito de Deus o compeliria para saber que

107 2 Timóteo 1:7

aquele motorista precisaria de ajuda e Paulo poderia ter sido usado por Deus para ajudar aquele homem.

Um estudo realizado em 2015 pela Julia Dahl e seus colegas da Universidade de Penn State[108] descobriu que, quando a masculinidade de um homem era desafiada, eles reagiam com mais raiva e com um endosso maior da dominância social sobre as mulheres. Ou seja, homens que tiveram sua masculinidade ameaçada ficavam mais zangados. Que homem não perde o controle quando outra pessoa, por exemplo, não cuspe na sua cara ou te chama de covarde? Eu conheço somente um homem que controlou suas emoções e não revidou imediatamente quando levou um tapa na cara e esse homem é Jesus Cristo. Ele foi acusado injustamente a ponto de cuspirem, davam murros e tapas em sua cara, tudo porque ele teve a coragem de falar a verdade.

Jesus era um homem manso. E o que podemos aprender com Jesus e sua mansidão? Primeiro, Jesus tinha plena consciência de quem ele realmente era, sua identidade e seu destino. Independentemente do que as pessoas falassem dele, nada poderia mudar a certeza da sua hombridade. Um acontecimento importante na vida de um homem é ter a certeza da sua identidade. Jesus passou por isso logo depois que foi batizado, quando Deus disse em alta voz: "Este é o meu filho amado, de quem me agrado"[109]. Ele tinha certeza de quem era seu Pai, que era amado, tinha uma identidade como Filho de Deus e de sua masculinidade. Quando não recebemos a mensagem de amor, aprovação e de identidade dos nossos pais, principalmente para homens que não recebem esta mensagem do pai ou de uma figura masculina de

108 Dahl, J., Vescio, T., & Weaver, K. (2015). How threats to masculinity sequentially cause public discomfort, anger, and ideological dominance over women. Social Psychology, 46(4), 242-254.

109 Mateus 3:17

autoridade, ele tende a buscar afirmação da sua identidade de outros meios. A falta de identidade causa ódio e raiva dentro de seu coração que somente é expelido quando é desafiado a provar seu valor, e muitas vezes esse sentimento fica escondido e encoberto. Quando sua masculinidade é ameaçada, o homem é impelido a reagir agressivamente para provar ser homem. Porém, quando temos a certeza da nossa verdadeira masculinidade, nenhum fator externo vai nos impelir a usar a agressividade (tenta com palavras como em forma física) para provar qualquer coisa.

Em segundo lugar, Jesus era um homem movido pelo amor. O coração de Deus foi movido por amor quando decidiu dar seu Filho para nos salvar[110], e Jesus, em toda a sua trajetória na terra, foi movido pelo amor de Deus para cumprir sua missão. Nossas atitudes diante das situações, acusações e dedo na cara, revelam o que reina em nosso coração.

Quando temos o domínio próprio e movidos pelo Espírito de Deus, temos o controle de nossas ações e evitamos cairmos em pecado. A Bíblia mostra que não é pecado irar, o problema está no que fazer quando você está irado[111]. O termo "ira" denota inconformidade, indignação por algo ou injustiça. Não há nada de errado nisso. É normal tentar fazer justiça, acertar as contas, no sentido de buscar um entendimento, um acordo ou uma reconciliação, mas de forma cristã, com base no amor. Isso envolve diálogo, brandura, perdão. O que faz um homem pecar quando está dominado pela ira é tentar fazer justiça com as "próprias mãos"; A vingança especificamente é tratada em Romano 12:19 como pecado e o próprio Paulo aconselha a não dar lugar à ira (inconformidade), ao invés da vingança, pois a ela pode nos levar a tomar atitudes cristãs centradas na palavra de Deus para mudar uma determinada situação.

110 João 3:16

111 Salmos 4:4; Efésios 4:26

Dominar a ira pode ser muito difícil, pois é um sentimento muito poderoso, principalmente quando vai de encontro com nossa identidade e masculinidade. Entretanto, se desejamos atingir o máximo do nosso potencial, precisamos aprender a controlá-la. O domínio da ira impede de cometer muitos pecados e ajuda a trazer reconciliação com o próximo. Por fim a palavra de Deus nos encoraja a buscarmos a produzir os frutos do Espírito que é: "amor, gozo, paz, longanimidade, benignidade, bondade, fé, mansidão, temperança[112]".

DOMÍNIO DO APETITE

Já ouviu a seguinte frase em comerciais de bebida alcoólica: "Beba com moderação!"? Para aqueles que não são cristãos, não há nenhum mal em beber cerveja, por exemplo. Mas o problema está em beber além do limite. E isso pode ser evidenciado nas leis para punir quem for pego com teor de álcool no sangue acima do permitido. Tudo o que é consumido além do limite, traz algum prejuízo para a pessoa que está consumindo e também pode prejudicar os outros à sua volta.

Tudo o que Deus criou foi feito para ser consumido com moderação. Um homem em boa forma física demonstra que possui o domínio do seu corpo e dos seus desejos. O apetite físico é uma analogia da nossa habilidade de controlar nossos desejos. Se não temos a capacidade de controlar nossos hábitos alimentares, isso pode indicar incapacidade de controlar outros hábitos, como a mente, avareza, raiva, fofoca, conflitos. Outro sintoma da falta de controle do apetite físico é a incapacidade de dizer "não" a qualquer coisa em excesso.

Na passagem de Provérbios 23:20-21, Deus coloca o beberrão no mesmo nível de um glutão. A semelhança entre eles é a in-

112 Gálatas 5:22:23

capacidade de reconhecer seus limites e deixar-se levar pelos seus desejos a ponto de perderem o domínio de suas ações e mente. O segundo ponto interessante que me chamou a atenção nesta passagem é a advertência em estar na companhia de homens que não tem domínio próprio. Isso se dá pela facilidade que alguns possuem de serem influenciados pelos outros. Um homem com baixa autoestima e confuso sobre quem ele realmente é, facilmente será levado por um "amigo" que vai falar "Que isso cara, mais um copo não vai fazer mal algum", ou "Fica aqui comigo que a próxima é por minha conta". É por este motivo que Deus nos adverte a não andar com homens como estes. O terceiro ponto que esta passagem mostra é que a falta de domínio do apetite nos leva a ficarmos pobres. Ou seja, é necessário dinheiro para bancar o desejo desenfreado. Provavelmente, o homem utilizará o dinheiro que já estava destinado para outros fins para satisfazer desejos que ele não consegue controlar. Para homens que possuem família, os seus também são prejudicados.

Um homem que não tem o domínio do apetite e que chega a ponto de ter problemas de saúde, obesidade ou vício da bebida, a família é quem vai ter que "lavar suas cagadas", principalmente a esposa. Este não ama a si mesmo (pois é incapaz de dizer não para seus desejos), o próximo (pois provavelmente vai trazer algum prejuízo para outras pessoas) e a Deus (pois não foi guiado pelas escrituras, mas pelos seus próprios desejos). O domínio do apetite é a capacidade de usufruir dos alimentos mantendo o consumo com moderação.

Se você realmente deseja atingir todo o seu potencial como homem, você precisa aprender a dizer não para seus desejos. Você conhece seu ponto fraco e sabe o seu limite. O primeiro passo é deixar de estar na presença de pessoas que vão te levar à ruína. Esteja em companhia de homens que vão te dizer a verdade e incentivá-lo a abandonar maus hábitos e encorajá-lo a mudar de vida. Provérbios 27:17 diz "Assim como o ferro afia o ferro, o homem afia o seu companheiro".

PASSOS PARA OBTER DOMÍNIO PRÓPRIO

1. ADMITA O SEU PROBLEMA.

Esse é o primeiro passo para desenvolver o domínio próprio. Ninguém vai a lugar algum se não reconhecer quem realmente é e qual é o seu problema. Somente você e Deus o conhecem profundamente. Com frequência tentamos ignorar nossos problemas ("Eu não tenho problema") ou acusamos outra pessoa, ou alguma situação por ele estar acontecendo. Mas, o primeiro passo para ter domínio próprio é admitir que temos o problema da falta de controle. Por isso, se você tem um problema com comida, bebida, palavras, temperamento, dinheiro, roupas, tempo, sexo, precisa de domínio próprio!

2. SONDAR A CONSCIÊNCIA.

Em segundo lugar está a capacidade de se autoanalisar e um cara que era fera nisso era o rei Davi. Acredito que este era um dos motivos pelo qual era chamado "Homem segundo o coração de Deus". Salmos 139:23 e 24 Davi reconhece a onisciência de Deus, que vê e sabe perfeitamente todas as coisas, que conhece todos os nossos pensamentos[113], todos os nossos passos[114] e até todas as nossas palavras mesmo antes de mencioná-las[115]. Davi nos ensina a examinar nosso próprio coração, pois é lá que o pecado é gerado, é no coração que se encontram os pecados ocultos.

Em Salmos 19:12 Davi diz: "Quem pode discernir os próprios erros? Absolve-me dos que desconheço!", onde os erros "ocultos" aqueles erros que ele não era consciente, demonstrando mais

---

113 Salmos 139:2

114 Salmos 139:3

115 Salmos 139:4

uma vez a importância de levar cativo todo pensamento a Deus. Esta deve ser a preocupação de todo homem em saber se está vivendo em pecado, mesmo que ele não tenha consciência dele.

3. CREIA QUE VOCÊ PODE MUDAR.

Você precisa começar a crer que pode mudar. Precisa proferir diariamente que tem o domínio próprio sob seus desejos e impulsos. Deve focar sua mente nas promessas positivas de Deus. Em 1 Coríntios 10:13 encontramos essa declaração: "Não sobreveio a vocês tentação que não fosse comum aos homens. E Deus é fiel; ele não permitirá que vocês sejam tentados além do que podem suportar. Mas, quando forem tentados, ele lhes providenciará um escape, para que o possam suportar." Se você é crente, não pode simplesmente dizer: "A tentação foi forte demais; não aguentei" — a Bíblia diz que Deus é fiel: Ele não permitirá que seja tentado além do que pode suportar. Portanto, focalize seus pensamentos nas promessas positivas de Deus. Pare de se programar para o fracasso, de se criticar e se desprezar.

4. FUJA DA TENTAÇÃO.

Não pense que você é forte demais para resistir a qualquer tentação. Até José do Egito precisou, literalmente, fugir da presença da mulher de Potifar, pois sabia que pela sua própria força não conseguiria resistir à tentação e iria pecar contra Deus. Fuja das coisas que o tentam, fuja de tudo que enfraquece o seu domínio próprio. É possível evitar situações que o farão estar "face a face com o perigo". Não dê oportunidade para que Satanás[116] o ataque no seu ponto fraco. Se for necessário se afasta daqueles seus "amigos" e de qualquer companhia que o leve a cair e pecar[117].

116 Efésios 4:27

117 1 Coríntios 15:33

FINAL

O filósofo Epífito disse: "Nenhum homem é verdadeiramente livre até que se domine". Se você deseja ser um homem livre para viver em todo o seu potencial, precisa ter o domínio sobre seus desejos. Além de Deus, você é a única pessoa que conhece realmente as áreas que têm enfrentado batalhas diariamente.

DIA 12

SEJA SENSATO

O prudente percebe o perigo e busca refúgio; o inexperiente segue adiante e sofre as consequências.

Provérbios 27:12 (NVI)

Já falamos sobre prudência no terceiro dia deste livro, porém vamos tratar esta virtude sob outro aspecto. Lembro de um vídeo que assisti de um leão que corria ferozmente em direção a um homem que estava imóvel e parecia ir devorá-lo, até que o leão parou na sua frente. O homem não saiu do seu lugar, não correu. Ele provavelmente usou de técnicas de domínio para exercer autoridade sobre o leão a ponto de ser superior a ele naquele momento. Pergunto: o que você faria se avistasse um leão na sua frente? Se você não for um treinador de leões experiente que soubesse dominá-lo, certamente correria o mais rápido que pudesse e se esconderia antes que ele o visse. Já parou para pensar por que tomaríamos esta atitude? Porque um treinador de leões ou qualquer outro animal perigoso não age como uma pessoa normal, sem treinamento? Creio que não é somente o medo, mas a grande diferença é que um treinador sabe quando está em perigo, é cauteloso e sensato em suas ações. Em sua jornada de treinamento, passou por diversas situações que o deixaram experiente para identificar como agir em todas as situações. Sabe que, quando o perigo realmente aparecer, ele vai tomar as providências para não sair machucado. Ou seja, nesta situação específica, o treinador é uma pessoa prudente e as outras pessoas são inexperientes.

Um homem prudente tem as seguintes características:

- É precavido: busca agir por antecipação para evitar problemas ou situações problemáticas;
- É sensato: equilibrado e cauteloso; age com seriedade e certeza; se comporta de modo coerente; que age com discrição;
- É cauteloso: busca se afastar ou esquivar de riscos, ou perigos;
- É precavido: tem o hábito de se precaver, se prepara de maneira antecipada, está sempre preparado para as dificuldades.
- Já um homem inexperiente:
- É ingênuo no sentido de não demonstrar malícia; age com inocência e que se comporta com fraqueza;
- Não tem prática de realizar algo;
- Não tem experiência de vida.

Percebeu que existe uma diferença muito grande entre um homem prudente e o inexperiente? A grande diferença entre os dois está em como cada um reage a uma situação de perigo iminente. E, que perigo nós homens estamos sujeitos? Todo tipo de perigo, entretanto, possui uma coisa em comum: ele vem para destruir nossa integridade, denegrir nosso caráter e manchar nossa reputação.

Imagine outra situação. Você, um homem casado, está em companhia de alguns amigos de trabalho no horário de almoço em um restaurante quando um deles fala o seguinte:

— Cara, olha que mulherão passando ali.

E todos os outros olham. O que isso significa? Perigo! Você saber que se virar o rosto, vai olhar uma mulher sensual, para o padrão dos seus "amigos". Porém, você, como homem casado, não deve olhar para o corpo de outra mulher, pois isso é um ato de traição. Você já sabe que esta atitude vai desonrar e desrespeitar sua esposa, mesmo que ela não esteja com você. O que um homem prudente faria numa situação como esta? Eles estão sempre vigiando e atentos para detectar momentos que possam custar sua reputação e manter sua integridade. Isso vale para as finanças e outras áreas da vida. Homens prudentes olham para frente e ajustam suas vidas para evitar perda, dor ou problemas. Homens tolos vivem dia a dia sem considerar o futuro sendo acometidos pelas mudanças frequentes da vida, por isso são prejudicados por eles.

Os homens sábios são cautelosos, críticos, pessimistas (considera a pior situação para não haver perda) e céticos sobre afirmações ou situações não comprovadas. Não acreditam em tudo que ouvem ou leem e não tomam decisões sem analisar cuidadosamente o possível perigo[118]. Somente simplórios tolos ingenuamente observam o futuro e avançam com otimismo. E eles são punidos por isso. Prudência é a discrição ou sabedoria prática para detectar problemas ou perigos em qualquer situação e evitá-los, alterando ações para encontrar o rumo mais lucrativo. Obviamente, os homens prudentes movem-se mais devagar do que os tolos, porque sabem que as decisões apressadas ou precipitadas são arriscadas.[119]

Abaixo temos oito perguntas poderosas para testar em que estado você se encontra:

118 Provérbios 14:15

119 Provérbios 14:29, 19: 2, 21: 5, 25: 8, 29:20, 2 Timóteo 3:4

1) Você é prudente em poupar parte de toda a renda, para que futuras dificuldades financeiras possam ser evitadas[120]?
2) Você tem dinheiro obtivo através de fiador?[121]
3) Você é muito cauteloso em seu casamento?[122]
4) Você já olhou para frente para ver se seu trabalho, profissão ou negócio será necessário no futuro[123]?
5) Você treinou seus filhos para evitar que eles destruam seu futuro?[124]
6) Você adquiriu uma habilidade transferível, ou não é qualificado e está sujeito a demissões? [125]
7) Você investe em oportunidades de alto rendimento ou questiona negócios que parecem bons demais para ser verdade?
8) Você prova tudo o que ouve na igreja, ou você julga que está certo?

Para ser um homem em todo o potencial é preciso aprender a dizer não à tentação. É preciso se afastar dos caminhos da perversidade e do ajuntamento da roda dos escarnecedores e ímpios, se pretendermos ter um viver vitorioso e abençoado neste mundo.

---

120 Provérbios 30:25

121 Provérbios 22: 26-27

122 Provérbios 30: 21-23; 31:30

123 Provérbios 27: 23-24

124 Provérbios 29:15

125 Provérbios 24:27

DIA 13

CONHEÇA A SI MESMO

Os propósitos do coração do homem são águas profundas, mas quem tem discernimento os traz à tona.

Provérbios 20:5

Após sua ressurreição[126], Jesus apareceu logo de manhã aos seus discípulos no mar de Tiberíades, após eles terem passado a noite inteira pescando sem sucesso. É incrível que, mesmo sabendo que não pegaram nada, Jesus lhes perguntou se tinham algo para comer. Eles responderam de forma curta e grossa: "Não". Provavelmente estavam cansados e inconformados por não terem obtido sucesso na pesca. Jesus lhes deu uma ordem para jogar a rede em um local específico, afirmando que achariam peixes. Eu não sei quanto a você, mas se eu fosse um pescador experiente e ouvisse sugestões de um "estranho", provavelmente não seguiria. Mas, aqueles homens, de alguma forma, confiaram nas palavras de Jesus, até então irreconhecível para seus discípulos. Eles retornaram para pescar e a quantidade de peixes foi tão grande que quase não conseguiram puxar as redes. Imediatamente, algo no coração daqueles discípulos lhes chamou

---

126 João 21

a atenção de que aquilo não era normal, mas sim sobrenatural. Pedro, ao reconhecer que foi Jesus Cristo quem lhes dera aquela ordem, se vestiu de qualquer coisa que estava na sua frente, se jogou no mar e foi nadando até a praia para vê-Lo. É impressionante como ele abandona os outros discípulos para ir até Jesus, não se importando com a pesca, algo que ele provavelmente estava inconformado por não ter tido sucesso na noite passada. Pedro era um homem impulsivo e esta atitude mostra seu caráter em abandonar tudo para seguir a Jesus. O melhor ainda está por vir, pois, depois que eles jantaram, Jesus tem uma das conversas com Pedro que acredito ser uma das mais profundas que todo homem deveria ter com Deus. Vejamos o relato de João 21:15-17:

> "E, depois de terem jantado, disse Jesus a Simão Pedro: Simão, filho de Jonas, amas-me mais do que estes? E ele respondeu: Sim, Senhor, tu sabes que te amo. Disse-lhe: Apascenta os meus cordeiros. Tornou a dizer-lhe segunda vez: Simão, filho de Jonas, amas-me? Disse-lhe: Sim, Senhor, tu sabes que te amo. Disse-lhe: Apascenta as minhas ovelhas. Disse-lhe terceira vez: Simão, filho de Jonas, amas-me? Simão entristeceu-se por lhe ter dito terceira vez: Amas-me? E disse-lhe: Senhor, tu sabes tudo; tu sabes que eu te amo. Jesus disse-lhe: Apascenta as minhas ovelhas."

Não foram três simples perguntas. Foi algo como uma "cirurgia" que Jesus fez na alma de Pedro. Jesus inicia a conversa afirmando sua identidade ("Filho de Jonas") e termina confirmando seu destino ("Apascentar as minhas ovelhas"). Para cada pergunta, Jesus vai mais profundo no coração de Simão Pedro com a intenção de fazê-lo refletir a respeito do seu amor por Jesus, a sua identidade e o seu destino, a ponto d'ele duvidar que Jesus realmente sentia que ele O amava. O versículo 16 mostra a completa convicção de Jesus de que Simão Pedro estava restaurado e a confirmação de que o seu destino estava claro.

Você já se perguntou por que Jesus teve que ir tão fundo no coração de Simão Pedro? A resposta é simples: para ele ser restaurado e tivesse convicção da sua identidade (quem ele realmente era) e destino (sua missão)! É a mesma coisa que perguntar por que os homens, geralmente, demoram para afirmar que estão errados (quando alguns afirmam)! Nós homens temos dificuldades de nos aprofundar em nossas relações, em refletir sobre como estamos agindo, porque estamos falando desta maneira com nossa esposa ou nossos filhos, porque nossa vida não decola, porque repetimos as mesmas atitudes que nossos pais, porque a vida deve ser da mesma maneira, etc. É por isso que Salomão afirma que os propósitos do nosso coração são águas profundas! Ou seja, estão em um lugar quase inacessível, quase impossível de ser alcançado.

Já parou para pensar a engenharia necessária para tirar água de um poço? Alguém teve que pensar, estudar, analisar e testar diversas hipóteses para se criar equipamentos e instrumentos para possibilitar retirar água de um poço. Esta não é uma tarefa fácil, mas se desejamos crescer espiritualmente, financeira, profissionalmente e em nossos relacionamentos, precisamos conhecer a nós mesmos. Todo homem precisa de alguém que o incentive a se descobrir em sua masculinidade, alguém que o encoraje a abrir seu coração para ser curado (vimos isso no capítulo dezessete) Simão Pedro precisou de alguém que conhecesse os segredos do seu coração para extrair dele o máximo do seu potencial. O apóstolo Pedro não existiria se Jesus não tivesse tirado tesouros do seu coração. Mateus 12:35 diz "O homem bom tira boas coisas do bom tesouro do seu coração, e o homem mau do mau tesouro tira coisas más". Veja, é o homem responsável por vasculhar o interior do seu coração e tirar os tesouros que existem lá. Você deve estar se perguntando, como pode haver tesouros em meu coração se, naturalmente, somos maus e pecaminosos? A resposta é simples, na criação do homem, Deus soprou o fôlego da vida em sua narina (Gênesis 2:7). O que trouxe vida ao homem veio de dentro de Deus, ou seja, a única coisa boa que há em nós, veio de Deus e somente Ele pode nos trazer a revelação.

O capítulo de hoje diz que o homem inteligente sabe descobrir os propósitos misteriosos do coração natural. Como fazer isso? Quando buscamos a palavra de Deus, de modo a descobrir as raízes dos seus comportamentos, emoções e sentimentos. Então, muitas coisas que você não entendia acerca da sua vida, agora passam a fazer sentido. Você percebe que sua conduta não precisa apenas de uma nova orientação, mas que seu coração precisa ser transformado para que, em lugar de ser um poço de águas escuras, se torne um manancial de água pura. Davi é um exemplo de homem que buscava a Deus para lhe ajudar a discernir suas falhas e a mostrar o que há de oculto em seu coração para que não voltasse a pecar contra Deus. Em Salmos 19:12 diz "Quem pode discernir os próprios erros? Absolve-me dos que desconheço!" Onde Davi buscou examinar seu coração não somente das falhas que ele já conhecia, mas para que Deus lhe mostrasse aquelas que somente Ele conhece. Quando diz "faltas ocultas" ele quis dizer que ele não estava consciente delas, não se encontrava na razão, mas "escondidas" em algum lugar que somente Deus pode revelar e que em algum momento, pode aparecer. Sendo assim, é nosso dever conhecê-las e buscar a cura em Deus. Jonathan Edwards em Sondando a Consciência, diz que o pecado sempre carrega um grau de obscuridade e quanto mais ele prevalece (quando não confessamos e obtemos a cura), mas ele ilude a nossa mente, podendo chegar à realidade do que está em nosso próprio coração. EJeremias 17:9 diz: "Enganoso é o coração, mais do que todas as coisas, e desesperadamente corrupto; quem o conhecerá?". Este é o motivo pelo qual precisamos constantemente buscar a presença de Deus para que ele nos direcione a encontrar os propósitos corretos em nosso coração.

Se você deseja atingir o máximo do seu potencial, busque a Deus para que Ele lhe mostre os segredos do seu coração, para que isso se torne um exercício diário a ser feito. Cavar um poço até encontrar água pura não é um trabalho fácil, pelo contrário, requer de nós persistência, coragem (pois mexer em situações que você não gostaria, mas vai te tirar da zona de conforto), fé e pode até doer, mas o resultado compensa.

DIA 14

LEALDADE

Quem fere por amor mostra lealdade,
mas o inimigo multiplica beijos

Provérbios 27:6

Você sabe quem realmente são seus amigos? Nós homens precisamos de pessoas que nos desafie e nos confronte quando estamos fazendo alguma coisa errada. Parece que este tipo de homem está ficando em extinção! Este versículo mostra que os valores estão distorcidos, pois somos facilmente enganados sobre quem são nossos amigos e inimigos. Sempre achamos que os amigos são aqueles que nos tratam bem a todo o tempo. Isso acontece porque nós esperamos sermos tratados da melhor maneira possível e sempre. Pode parecer estranho, mas um verdadeiro amigo é aquele que algum dia certamente vai feri-lo com a verdade.

Feridas são interrupções na lisura da pele afetando sua normalidade, lesões que exigem remédios e cuidados especiais. A verdade dita por um amigo pode ser comparada como uma ferida. Uma ferida deve ser tratada como uma ruptura de hábitos pecaminosos ou destrutivos, onde precisamos do tratamento de

Deus em nosso caráter para alcançarmos a cura. As feridas são valiosas quando nos remetem a refletir sobre o caráter de Cristo e se estamos alinhados com ele.

A palavra lealdade significa "sinceridade". Ou seja, precisamos de homens que sejam sinceros conosco, mesmo que isso doa até a nossa alma. A ferida dói, não é nada agradável e pode levar algum tempo para sarar, mas se você tiver um coração disciplinado, aquela verdade dita por alguém próximo de você, após refletida, certamente vai produzir uma transformação na sua vida.

Aceitamos bem quando as pessoas nos "beijam", afirmando e nos dizendo o que queremos ouvir, como: "Você estava certo", ou "Você não merece ser tratado dessa maneira", porém rejeitamos aqueles que falam a verdade. Invertemos os papéis, não por culpa do outro, mas por erro nosso. O problema não está com a pessoa que nos diz a verdade, mas a imaturidade do homem em não aceitar a verdade e a falta de humildade em fazer uma análise da sua vida para ponderar o que está ouvindo. É necessário maturidade para ouvir a verdade.

Paulo exorta a igreja de Corinto a praticar a sinceridade e a verdade e não se comportarem como hipócritas e fariseus que se vestem de orgulho e inflexibilidade sobre as verdades da palavra de Deus (1 Coríntios 5:8). A palavra sinceridade, mencionada por Paulo neste versículo, significa *eilikribeia* (Strong 1505) que quer dizer "julgado pela luz do sol", onde os comerciantes orientais expunham suas mercadorias à luz do sol para prová-las. Os comerciantes desonestos remendavam os defeitos das peças rachadas ou as cobriam com cola. A falsidade de um inimigo pode ser comparada como "cobrir ou remendar os defeitos", que também é mencionado em Provérbios 27:6 como "multiplicar beijos". Nós somos a mercadoria, a palavra da verdade dita em amor é a luz do sol, cabe a nós adquirirmos inteligência emocional e sabedoria para julgar o que dizem a nosso respeito e se nos é dito com sinceridade e amor ou com falsidade.

Precisamos de homens, como em Provérbios 27:17, que diz "Assim como o ferro afia o ferro, o homem afia o companheiro". "Afiar" também significa apurar, aperfeiçoar. Homens semelhantes a Cristo transmitem a verdade com o objetivo de aperfeiçoar o caráter a fim de se parecer com Ele.

DIA 15

ESTEJA SATISFEITO

Beba das águas da sua cisterna, das águas que brotam do seu próprio poço.

Provérbios 5:15 (NVI)

Todo o capítulo 5 de Provérbios está repleto de ricos conselhos e sérias advertências para que um homem não entre no caminho de relacionamentos que extrapolam os limites da aliança do casamento. As instruções são específicas para livrá-lo da mulher estranha, ou seja, aquela que não é a sua esposa e principalmente para você desfrutar do verdadeiro amor com sua esposa. Este capítulo de Provérbios foi dividido em advertências e instruções contra o pecado da prostituição (versículos 3 a 14), conselhos contra este pecado e para manter o amor e a aliança conjugal (versículos 15-20). Para um homem que teve setecentas mulheres e trezentas concubinas, ele tem autoridade para falar sobre o assunto[127].

Um país como Israel, um poço era um bem muito valioso e tê-lo era um privilégio que deveria ser mantido e guardado, principalmente quando se encontrava água. Agora, imagine a

127 1 Reis 11:3

importância que a água tem no deserto? Ter um poço naquela época significava tudo: vida, prosperidade e riqueza. Para os habitantes do deserto, encontrar um poço ou cavar significava buscar um bem muito precioso, muito mais valioso que o próprio ouro ou pedras preciosas, pois possuindo água se tinha sustentabilidade e sobrevivência da vida pessoal, familiar e do clã. E a água é um dos elementos mais puros criados por Deus e é por isso que Salomão faz esta correlação de água com casamento. A cisterna é a aliança conjugal entre o homem e a mulher que protegem e mantém intacto o que sacia um casal (relacionamento sexual). Ou seja, a expressão "bebe das águas" é uma referência à relação sexual com sua esposa, e "da sua cisterna" é um claro apelo à fidelidade conjugal — um homem e uma mulher juntos pelo matrimônio.

Antes de avançarmos, precisamos tratar dois pontos importantíssimos: a) Por que o pecado sexual é tão perigoso? b) Quem é a mulher imoral? Steve Arterburn, conselheiro cristão, disse a respeito do prazer sexual: *"O prazer sexual é uma das experiências humanas mais intensas. Fisicamente falando, quando um homem ou uma mulher chega à excitação sexual, terminações nervosas liberam uma substância química no cérebro chamados opioides."* Opioide significa 'parecido com ópio', e é uma boa descrição do poder da substância química. Agora, veja isso *"Além de uma experiência induzida por heroína não há nada é mais prazeroso do que sexo."* A única coisa que é igual quimicamente, fisiologicamente, a relação sexual é a heroína. Ou seja, o prazer sexual vicia, mesmo que seja de forma ilícita, te faz prisioneiro daquela pessoa com quem você teve relações[128]. E, quando o homem se relaciona sexualmente com outra mulher que não seja sua esposa, ele cria uma conexão que somente através de

128 Provérbios 5:22

arrependimento e tratamento conseguirá quebrar esta ligação. Este mesmo autor também disse: "*Isso é uma coisa maravilhosa em um relacionamento conjugal comprometido, porque ajuda a ligação de duas pessoas e traz a alegria de viver juntos e construir um relacionamento. Se acontecer experiências sexuais fora do casamento e experiências que são constantemente repetidas, um ato sexual pode deixar de ser um prazer simples e passar a ser um vício. Em vez de ser ligado com uma pessoa, você se torna ligado ao ato em si. Deus quer que o sexo exista dentro do casamento. Deus desenvolveu nossos corpos tanto físicos como anatomicamente em macho e fêmea, para desfrutar o prazer e para nos fazer desejar um ao outro dentro do casamento. A lascívia é um desejo forte e apaixonado — um anseio por prazer. E isso pode ser uma coisa muito boa dentro do casamento.*"

Mas quem é a mulher imoral? Segundo o dicionário informal, uma pessoa imoral é alguém sem pudor, que revela imoralidade e está ligado à libertinagem e obscenidades. Uma pessoa assim é muitas descrita como devassa, indecente e desonesta, pois muitas vezes revela falta de caráter e vive sem regras. O que podemos concluir é que o homem que se envolve com qualquer mulher que não seja sua esposa está em pecado de lascívia (Já falamos sobre lascívia no dia onze, porque a lascívia é a cobiça por uma pessoa, uma coisa ou uma experiência fora dos limites do casamento; (Saiba mais sobre lascívia em Mateus 5:28, Colossenses 3:5, 1Tessalonicenses 4:3-5 e 1 Pedro 4:3), não está comprometido a manter a fidelidade com sua esposa, é um mentiroso (pois não cumpriu com a promessa de honrar e respeitar sua esposa) e é um fraco, pois não soube controlar 'suas bolas', ou seja, seus desejos. Parece duro, mas é a pura verdade.

POR QUE HOMENS BUSCAM RELACIONAMENTOS EXTRACONJUGAIS?

O capítulo 5 mostra dois simples conselhos que todo homem deve adotar para não se enlaçar com outras mulheres:

a) **Tome cuidado com conversas com mulheres que não seja sua esposa (versículos 3-5):** Toda mulher sabe muito bem usar seu poder de persuasão para envolver facilmente qualquer homem. É por isso que a Bíblia fala que "os lábios da mulher imoral destilam mel". Ou seja, imagina tomar mel a gotas? Concorda que você não vai se saciar com somente uma gota de mel? Claro que não. Você vai querer bastante. Para você ficar saciado com mel tomando a gotas, vai precisar de muitas gotas e a cada gota seu desejo por tomar mel cresce a ponto de você ficar com vontade de apertar o frasco e sair a maior quantidade de mel possível. Outro ponto é que a mulher imoral vai usar um tom de voz mais baixo e manso e esta é uma técnica para quem deseja envolver outra pessoa e conquistar sua atenção.

b) **Fique longe deste tipo de mulher (versículo 8-10).** Existem mulheres que estão na cara que são imorais, é quase impossível não perceber. Para estas, a Bíblia nos exorta a literalmente ficar longe delas, e o motivo é bem óbvio: elas sabem usar seu poder de persuasão e conquista para chamar a atenção dos homens. A Bíblia deixa bem claro que é quase inevitável não ser tentado, mas algumas delas temos a oportunidade de não ceder. Qualquer homem ajuizado sabe que não deve se aproximar de uma mulher imoral. Paulo instruiu Timóteo a fugir dos desejos da mocidade[129]. É necessário ter a hombridade de agir como José do Egito que literalmente fugiu da presença da mulher de Potifar, pois sabia que não conseguiria ceder à tentação e desonrar, primeiramente a Deus.

Uma das grandes mentiras que já ouvi de homens que já aconselhei e de outros no ambiente de trabalho é *"Elas podem fazer o que sua mulher não faz com você"*. Sendo mais aberto, ela "pode te dar" o que a sua mulher não te dá ou fazer da maneira como sua esposa não faz! Esta mentira é compartilhada por homens que querem satisfazer seus desejos promíscuos e que a sua esposa não concorda. Honrar também significa respeitar, ou seja, se você quer fazer algo que sua esposa não quer e se sente desconfortável, se contente com o que você tem e não force. Isso é honrar sua vontade e fazendo isso você também amará a sua esposa. Isso não é motivo para buscar satisfazer seus desejos com outra mulher.

O capítulo 5 do livro de Provérbios também mostra algumas verdades que todo homem deve saber para manter o relacionamento imaculado:

- Esteja satisfeito com a sua mulher; que a esposa veja que ela reverencia seu marido; e não tentá-lo pela falta de atenção ou indelicadeza a procurar em outro lugar o que ele tem o direito de esperar, mas não pode encontrar em casa. Você nunca vai encontrar fora da aliança conjugal o que você se delicia dentro dela.
- O casamento imaculado é a mais pura forma de relacionamento que existe, pois é reflexo do relacionamento entre Deus e a igreja. A quebra da aliança entre Deus e o crente somente pode ser feita atraves

129 2 Timóteo 2:22

da morte (ou seja, pecado), o mesmo acontece no casamento.

- A esposa é comparada a uma fonte de jardins, um poço de águas vivas e córregos do Líbano, que em Jeremias 2:13, "fontes de águas vivas" é equiparado com o próprio Deus. Ou seja, aquele que bebe da fonte de águas vivas está bebendo do próprio Espírito Santo[130].
- A esposa é a verdadeira fonte de refrigério onde uma alma cansada e sedenta deve buscar se saciar[131].
- Os prazeres desfrutados dentro de uma aliança conjugal são inocentes, castos e puros; muito diferente da mulher imoral, pois as águas límpidas de uma fonte saudável são as de um lago ou poço sujo.

Por fim, o versículo 21 diz: "O Senhor vê os caminhos do homem e examina todos os seus passos.", que significa que nada está oculto diante de Deus, cada intenção conduz a um passo que seguido de outro passo pode levar à ruína do casamento e o seu cônjuge.

130 João 7:37

131 Provérbios 5:19

DIA 16

CUIDADO COM SEUS OLHOS

Não cobice em seu coração a sua beleza nem se deixe seduzir por seus olhares,

Provérbios 6:25-29

No dia treze, falamos um pouco de alguns conselhos para um homem não se envolver em um relacionamento extraconjugal. Nesta passagem vamos abordar o processo que antecede o interesse em outra mulher que não seja a sua esposa. O que mais me chama a atenção é que nesta passagem Salomão trata do pecado no coração do homem. É uma advertência para que o homem não se deixe levar pelo seu próprio pecado, o exorta a não se deixar cobiçar em seu coração e não se deixar levar pelos olhares sedutores de outra mulher. Cobiçar significa "desejar exageradamente, desejar com muita força, desejo forte, constante e insaciável". Este é um pecado silencioso, pois nasce no coração por ansiar algo que não tem o direito de ter. É um pecado que não está à mostra, ou seja, não está explícito. É o pecado de desejar possuir o alheio[132]. Existe o desejo legítimo e este refere-se ao suprimento das suas necessidades, entretanto, existe aquele

132 Êxodos 20:17

desejo que parte para o proibido. Dado que a cobiça entra em seu coração, além de desejar os bens do próximo, o desejo aumenta a ponto de também desejar a mulher do próximo.

Aqui estão algumas características deste pecado:

- É ingrato: não valoriza nem se contenta o que tem, mas deseja e cobiça o que não tem e o que não pode possuir de direito.
- Não tem prazer naquilo que recebeu de Deus, mas busca obter o bem do próximo.
- Anseia ter tudo o que o próximo tem e tudo o que ele representa. Não precisa ser bens materiais, mas ser a pessoa que o outro é sem pagar o preço.
- Tira os olhos do que tem e foca no que não tem. Assim como Adão e Eva, que receberam tudo o que um ser humano precisa para sobreviver, mas desejou o que não poderia obter.
- Aos olhos de Deus, o cobiçoso, mesmo que não consuma o ato, já cometeu o pecado do adultério. É uma quebra ao sétimo mandamento[133]
- É insaciável: Eclesiastes 6:7 diz: "Todo o trabalho do homem é para a sua boca, contudo nada satisfaz a sua cobiça". A cobiça se disfarça em uma necessidade natural de crescimento e conquista, mas sua principal característica é ser insaciável, incapaz de se satisfazer e é este ponto que leva o homem a se exceder. Vejamos um exemplo: um homem cobiça o carro novo do vizinho, então, movido por este sentimento, ele trabalha como um louco. Pode até conseguir comprar um carro igual, mas ele vai fazer sua família "sangrar", não terá

133 Mateus 5:28

mais tempo para sua esposa e filhos podendo ocasionar em divórcio.

- Nos torna egoístas: ao contrário do amor, a pessoa egoísta busca atender aos seus desejos, não deixando nada para ajudar o próximo[134], obra da carne[135]. Podemos ser ambiciosos em buscar melhorar de vida em todas as áreas de nossa vida, porém temos que fazer isso movido pelo amor.

Vejamos alguns exemplos de homens da Bíblia que caíram no pecado da cobiça:

- Adão e Eva: receberam tudo de Deus, mas desejam obter aquilo que não podiam. Como resultado, perderam também a comunhão com Deus.
- Acabe: Ele possuía riqueza e todo bens materiais, mas dirigiu seus olhos e sua cobiça à vinha de Nabote, seu vizinho. Seu desejo desencadeia uma série de pecados: abuso de autoridade, acusação, falso testemunho, homicídio e roubo.[136]
- Sansão: desobedeceu às ordens de seu pai para se casar com uma mulher da sua tribo, mas deixou-se levar pelos seus olhos cobiçando uma mulher de outra tribo simplesmente porque foi de seu agrado.
- Davi: desejou a mulher de Urias, Bate-Seba, e adulterou com ela.

A segunda parte deste versículo adverte o homem a não se deixar seduzir pelos olhares de outra mulher. O termo "olhos" refere-se a olhares sedutores. Era um costume as mulheres do

---

134 Romanos 13:9

135 Gálatas 5:19-21

136 1 Reis 21

Oriente pintar e embelezar as pálpebras. Elas têm um método de polir os olhos com uma preparação de antimônio (já conhecidos pelos chineses e babilônios desde 3000 a.C., que utilizavam o sulfeto de antimônio como cosméticos e fins medicinais), para que eles apareçam com um brilho indescritível. Quando já se instalou o pecado da cobiça no coração do homem, facilmente ele será enlaçado pelos olhares de outra mulher.

A questão é: onde está o limite onde o desejo se transforma em cobiça? Esta é uma questão muito difícil de esclarecer, mas existem alguns pontos em nosso comportamento que precisamos sondar diariamente:

1) Todos nós conseguimos reconhecer se alguma necessidade foi suprida e seu apetite saciado. Depois disso, o desejo torna-se cobiça. Provérbios 25.16 diz: "Se achaste mel, come somente o que te basta, para que porventura não te fartes dele, e venhas a vomitar". Para você que é casado, esteja satisfeito com a mulher que tu tens, caso não esteja, analise suas reais motivações e as coloque diante de Deus, pois somente a morte pode separar um homem e uma mulher casados.
2) A cobiça pode ser mascarada com a tolerância que o homem tem consigo mesmo. Todos nós precisamos de limites e saber até onde podemos ir é essencial para tomar as decisões corretas. Adão e Eva sabiam dos limites a eles imputados, que era não comer do fruto de uma determinada árvore, porém julgaram que poderia ir chegando mais perto daquele fruto, olhar mais atentamente até apreciá-lo, depois sente o cheiro dele até que o desejo se torna cobiça e o pecado já está consumado

A cobiça é o desejo por tudo o que Deus proibiu. Quando descumprimos o décimo mandamento (não cobiçarás), a consequência é a transgressão de todos os outros, tais como: "Não adulterarás", "Não furtarás" e "Não matarás".

Para concluir, este é um pecado que se destaca por sua capacidade de gerar outros pecados, tais como:

- Glutonaria [137]
- Bebedice [138]
- Avareza [139]
- Idolatria [140]
- Roubo [141]
- Adultério [142]

E seus efeitos são:

- Perturbação [143]
- Sofrimento [144]
- Contenda [145]
- Violência [146]
- Apostasia [147]
- Dores[148]

---

137 Lucas 21:34

138 Romanos 13:13

139 Colossenses 3:5

140 Deuteronômio 7:25

141 Miquéias 2:2

142 Provérbios 6:25

143 Provérbios 15:26

144 Provérbios 28:22

145 Provérbios 28:25

146 Miquéias 2:2

147 1 Timóteo 6:10

148 1 Timóteo 6:10

- Morte prematura[149]

O melhor conselho que a Bíblia nos deixou para evitarmos cairmos no pecado da cobiça está em Gálatas 5:16 que diz: "Andai em Espírito e jamais satisfareis as concupiscências da carne". Quando andamos em Espírito, este nos alerta quando estamos inclinados com as coisas da carne.

149 Provérbios 1:19

DIA 17

NÃO SEJA SEDUZIDO

Com a sedução das palavras o persuadiu, e o atraiu com o dulçor dos lábios.

Imediatamente ele a seguiu como o boi levado ao matadouro, ou como o cervo que vai cair no laço.

Provérbios 7:21,22

Todo o capítulo sete de Provérbios adverte um jovem a respeito de uma mulher adúltera e dos desejos da carne, assim como vários outros capítulos. Porém, este capítulo traz uma situação em que um jovem sem juízo (versículo 7) se deixou levar pelas palavras sedutoras de uma mulher. Não bastava ser inexperiente, o que me leva a pensar que este era um homem novo e imaturo, ele não tinha a capacidade de julgar corretamente a situação. A palavra juízo significa: "faculdade intelectual que permite julgar, avaliar com correção, discernimento; bom senso; capacidade de ponderação; equilíbrio mental". O que significa que um homem sem juízo não consegue discernir até o limite que ele pode ir, ponderar se o lugar onde ele está é apropriado para ele, ponderar suas amizades. Faltava-lhe um homem, um mentor, que o conduzisse na sabedoria a respeito de mulheres e o advertiu a guardar seu coração para o momento certo. Este jovem deste capítulo não tinha esta capacidade de discernimento. Ele ponderou os amigos que ele tinha e o lugar que ele estava andando (afinal, se tinha prostitutas naquele lugar ele não deveria estar andando por estas bandas). Infelizmente este não é um erro somente de homens jovens. Homens já maduros também pecam em andar com pessoas que não são apropriadas, conversar com certas mulheres que só querem "curtição", não impõem limites em suas amizades com o sexo oposto e no final acabam sendo seduzidos por suas palavras e até pela sua vestimenta.

A mulher desta passagem também é chamada de imoral e leviana. Ela não tem consideração pelo outro, tem falta de moralidade, é vergonhosa, libertina e indecente. O interessante é que muitas destas características estão relacionadas com o ato de vestir e não está muito relacionado com as palavras. Todo homem sabe deduzir quando uma mulher é espalhafatosa e provocadora. Basta ver a roupa que ela está vestindo, quando usa um decote, um vestido ou saia muito curta, a maneira como se senta. Este tipo de mulher tem a característica de exibir algo de modo exagerado e gosta de chamar a atenção de forma exagerada. Não precisamos da revelação do Espírito Santo quando encontramos uma mulher assim. O que uma mulher como essa faz é exibir algo que foi separado para seu marido a outros homens. Hoje é mais fácil ver mulheres assim, basta rolar o feed das redes sociais que vemos várias delas. Quando uma mulher, casada ou não, usar decote visando "mostrar" parte dos seus seios, ela está exibindo algo que foi separado exclusivamente para seu marido ou seu futuro marido. O versículo 10 mostra que a mulher adúltera estava vestida como prostituta, ou seja, vestida vergonhosamente para atrair os olhos de um homem, olhando atentamente para os olhos do primeiro homem que se deixa cair pelo seu corpo. O segundo passo que este tipo de mulher faz é usar palavras sedutoras para persuadir um homem a ponto de atrair a sua atenção (versículo 21). Ela sabe exatamente quando um homem se deixa atrair pelas suas palavras.

O que o jovem sem juízo desta passagem faz, e que muitos homens experientes também fazem, e acredito que seja um dos maiores erros que homens cometem e acabam se relacionando com outras mulheres, é não guardar seu coração daquilo que vai afastá-lo dos caminhos de Deus. 1 João 2:1 nos adverte que nós não devemos pecar. O pecado na vida do cristão deve ser algo inesperado, não premeditado. Premeditamos algo quando sabemos que as ações que tomamos são erradas e nos levam a um caminho que não devemos seguir. Se um homem começa a conversar com outra mulher e, com o tempo, isso pode se tornar algo mais sério, é sua responsabilidade tomar as ações necessárias para quebrar este vínculo.

Em 1 João 2:15-17 também nos adverte a não nos envolvermos com as coisas do mundo, como a cobiça da carne e dos olhos. Um homem casado deve guardar seus olhos somente para sua esposa para não cometer adultério e um homem solteiro deve guardar seus olhos para não fornicar.

DIA 18

ESCOLHA A PESSOA CERTA

Casas e riquezas herdam-se dos pais, mas a esposa prudente vem do Senhor

Provérbios 19:14

Que tipo de esposa você deseja ter? Se você deseja uma esposa "de Deus", certamente você não a encontrará em um bar, ou em uma festinha qualquer. Este provérbio pode causar um pouco de confusão, pois alguns interpretam que o Senhor vai nos dar uma esposa prudente somente porque a primeira parte trata de herança e achamos que nós como filhos temos o mesmo direito de herança, e aproveitamos o gancho acreditando que o Senhor também vai nos dar uma casa, carro, dinheiro, etc... Deus não vai nos dar nada disso, não como nós pensamos. Essa ideia de acharmos que, somente porque somos filhos de Deus, ele tem que nos dar o que desejamos, isso é imaturidade espiritual. Se você deseja uma casa, precisa trabalhar duro para construí-la. Ele nos dá sabedoria, mas precisamos usá-la corretamente para conseguir atingir os objetivos que almejamos. Quer mais dinheiro? Especializa-se, faça cursos e consequentemente você vai alcançar melhores cargos e mais dinheiro. Quer uma esposa sábia e prudente? Seja sábio e prudente.

Acredito que um dos maiores erros na interpretação deste versículo é acharmos que se somos filhos temos o direito da herança que nossos pais nos deixam e assim associamos que somos herdeiros e co-herdeiros de Cristo Jesus e também temos o direito de ter uma esposa prudente. A palavra herança significa "aquilo que se recebe por testamento ou herança". Você pode receber, por herança, bens dos seus pais mesmo que não seja digno de merecimento. É o caso de casas e riquezas que, com a morte dos pais, os filhos herdam por herança. Os pais, por sua vez, podem ainda em vida decidir se os filhos são dignos de receber algum bem.

Quando o autor de Provérbios fala sobre algo vindo de Deus, ele está apontando para a pessoa que pede e não para a pessoa que você quer. Ou seja, somente pessoas prudentes fazem escolhas prudentes! Tem lógica, não? Quando atribuímos valores éticos, morais, familiares, espirituais em nossa própria vida, estes valores vão nos ajudar a discernir melhor cada tipo de pessoa que aparece em nossa vida. Se você deseja ter sucesso no seu casamento, precisamos trazer Deus para fazer parte desta escolha.

Existem algumas lições que eu aprendi e que gostaria de compartilhar com você quanto a escolha de uma parceira de vida:

A FUTURA ESPOSA DEVE SER SERVA DE JESUS CRISTO

Não espere pedir a Deus para converter sua futura esposa e esperar que ela o faça só porque você a escolheu por outros motivos que não seja ter um coração voltado para Jesus Cristo. Ou seja, não encontre uma esposa para orar, ore para encontrar. Ela deve ser guiada pelo Espírito Santo e nunca pelos seus sentimentos. Sendo assim você deve conviver com ela, analisar como ela se comporta com os amigos e em determinadas situações.

BUSQUE CONSELHOS

Se o seu pai for um homem convertido, peça conselhos a ele. Ninguém melhor do que os Pais para conhecerem o coração do filho e dar conselhos sábios. Vejamos o exemplo de Isaque. Seu pai, Jacó, orientou seu servo a buscar uma mulher da sua tribo. Isaque não se contrapôs à ordem de seu pai, mas se submeteu e confiou na sua autoridade. Este é um ótimo exemplo de modelo de ação que todo jovem cristão deve seguir. Os pais são as maiores autoridades que Deus confiou sobre nós. Eles têm a função de direcionar nossa vida para o propósito que Deus tem para nós.

NÃO SE DEIXE LEVAR PELA APARÊNCIA

Que homem não deseja uma mulher linda, com um corpo escultural e de boa aparência? Quase todos! Estamos em uma época em que tem se valorizado mais o corpo do que a alma. Casais decidem postergar a decisão de terem filhos para manterem ao máximo sua condição física, pois sabem que vão ter que renunciar muitos privilégios. Vejamos o exemplo de Isaque. Jacó, seu pai, tinha solicitado ao seu servo Eliezer que encontrasse uma esposa para seu filho e a condição era que fosse uma mulher da sua tribo, pois sabia que iria compartilhar da mesma fé. O servo de Jacó avistou Rebeca e a Bíblia diz que ela era “bonita e virgem”. Porém este não foi o fator principal para a decisão do servo de Jacó, pois ele estava orando pedindo uma posição para Deus. Ele poderia ter perguntado somente de qual tribo ela pertencia, mas ele continuou com o seu teste para saber se ela era a escolhida de Deus para Isaque. Ou seja, Eliezer não escolheu uma esposa para Isaque por aparência.

Escolhas baseadas na aparência geram consequências desastrosas. Eva se deixou levar pela aparência do fruto da árvore proibida e atrelada a palavras persuasivas da serpente ela fez uma escolha errada. Davi também pecou quando deixou de ir para a guerra (exercer sua função) e ficar no palácio. Ao ficar de bobeira na varanda do seu palácio, avistou uma mulher nua tomando banho e como ela era agradável aos seus olhos, pediu para um dos seus servos buscá-la e teve relações com ela. Até aquele momento seu reinado só tinha provado de vitórias e sucesso, depois dessa escolha, ele experimentou uma decadência, perdeu batalhas e até a vida do filho gerado por este pecado. Samuel quase cometeu um erro em achar que Eliabe, um dos filhos de Jessé, era bonito aos olhos.

Por sim, beleza não sustenta o casamento e não o mantém de pé, é o caráter moldado pela palavra de Deus que mantém o casamento vivo. De que adianta ter uma mulher linda, mas promíscua? De que adianta ter um homem sarado, mas promíscuo? 1 Samuel 16:7 diz: "Não considere sua aparência nem sua altura, pois eu o rejeitei. O Senhor não vê como homem: o homem vê a aparência, mas o Senhor vê o coração". Não busque a aparência, mas valores, ética e, principalmente, compromisso com Deus.

DIA 19

ESTUDE SOBRE DINHEIRO E FINANÇAS

De que serve o dinheiro na mão do tolo, já que ele não quer obter sabedoria?

Provérbios 17:16

Há poucos dias eu estava estudando sobre a psicologia do dinheiro e sua relação com nosso relacionamento com Deus, e o que descobri é que existe uma relação direta entre eles. Evitamos estudar profundamente sobre o dinheiro devido às crenças que temos sobre este assunto, deixando de usufruir de uma vida em abundância e, consequentemente, nossa família é quem sofre pela maneira medíocre de vida. Creio que a vida que Deus prometeu é termos abundância em todas as áreas de nossas vidas, e ser próspero financeiramente pode ser um meio.

Este versículo trata de um assunto que poucos querem investir tempo, mas apenas desejam obter resultados sem o esforço necessário: sabedoria e conhecimento, ou seja, estudo! James Howell, historiador galês, tem uma frase interessante que diz: "Um tolo e seu dinheiro logo se separam". A palavra "tolo" aparece 67 vezes na Bíblia, sendo 48 ocorrências no livro de Provérbios. O motivo pelo qual este "personagem" aparece tantas vezes no livro de Provérbios é porque poucos se interessam em adquirir sabedoria sobre diversos assuntos e é por isso que o livro de Provérbios é um clamor para compreender a vontade de Deus para diversos aspectos da vida do homem.

É extremamente importante analisarmos a fundo o significado da palavra tolo no livro de Provérbios. No hebraico ela tem dois significados: *kesil* — "insolente, tolo", e 'ewil — "insensato, tolo". O tolo *kesil*:

- É indiferente, desinteressado e despreza sabedoria (Provérbios 1:22; 17:16).
- Rejeita qualquer crítica sobre ele, pois se acha superior aos outros (Provérbios 23:9).
- Não tem objetivo nem propósito de vida. Vive como se o futuro não importasse e deixa as circunstâncias determinarem o rumo da sua vida. Vive de forma medíocre e sem sentido (Provérbios 17:24).
- Não faz planejamento e gasta tudo o que tem. Quando algum imprevisto surge ele não está preparado. Vive o prazer imediato. (Provérbios 21:20).
- Não desenvolve a habilidade de analisar e avaliar as circunstâncias. Falamos sobre isso no capítulo 21! (Provérbios 8:5).
- Tem uma conduta má em relação a tudo. Não está interessado em nada e não mede suas ações e palavras. (Provérbios 10:23).
- Seu comportamento traz dor e sofrimento aos pais e despreza seus conselhos (Provérbios 10:1; 15:20).
- Não tem domínio próprio. É dominado pelas emoções. Não permite que o Espírito Santo guie seus pensamentos e ações (Provérbios 14:16, 29:11).

- Suas atitudes são uma ameaça para aqueles que estão próximos (Provérbios 17:12).

O tolo *ewil*, é mais destrutivo do que o *kesil* e significa:

- Não consegue controlar a boca e se mete constantemente em apuros (Provérbios 18:7).
- Não tem conhecimento para embasar o que fala e é cheio de malícia (Provérbios 14:7).
- Por não ter conhecimento do que está falando, suas palavras resultam em discussões e calamidades (Provérbios 18:6).
- Só se preocupa em expor sua opinião e suas palavras são vazias (Provérbios 18:2; 12:23; 15:7).
- Acredita que vive corretamente, não possuem remorso e é impossível tentar convencê-lo de sua maldade (Provérbios 12:15, 14:9, 27:22)

Ufa! Por acaso você se identificou em alguns dos pontos acima? Não sei quanto a você, mas quando se trata de finanças é necessário se dedicar mais a ele do que outros assuntos, como lazer, esportes e carros, por exemplo. Existem muitos homens que sabem tudo sobre seu time de futebol ou carros, mas não tem a menor ideia se o seu salário vai cobrir todas as despesas do mês e muito menos como fazer um bom planejamento orçamentário da família. Passam mais tempo navegando nas redes sociais ou jogando videogame, mas não investem nem uma hora por dia para estudar sobre como aumentar sua renda, trazer segurança e conforto, como aprimorar-se para alcançar maiores posições em seu emprego e, consequentemente, mais dinheiro para a família. Gastam mais dinheiro com prazer imediato (como churrasco com amigos, encontros sociais, eletrônicos, etc.) do que investir parte do seu dinheiro para ter uma vida segura e tranquila. Acreditam que o dinheiro é feito para gastar e não para poupar e investir. Infelizmente esta é uma realidade, e os números mostram isso.

Uma pesquisa realizada pelo Banco Central[150], em conjunto com a Serasa Experian e o Ibope, cujo objetivo foi aferir o nível de educação e inclusão financeira da população brasileira, mostrou que 78,4% dos respondentes utilizam cartão de crédito e carnês de lojas como produtos e serviços financeiros e apenas 1,1% aplica em títulos do governo e ações, também foi apurado que 73% possuem sua renda comprometida com dívidas mensais (cartão de crédito, financiamentos), sendo 52% tendo como um automóvel o bem que mais é financiado. Esta primeira parte mostra um grande percentual de pessoas que utilizam o dinheiro para compra de bens de consumo comprometendo a renda que ainda não receberam (como parcelamentos). Caso ocorra algum imprevisto, possivelmente, estes bens serão devolvidos devido à impossibilidade de pagamento. A respeito do nível de conhecimento em educação financeira, o estudo mostrou que apenas 30% possuem conhecimento de como gerar aumento de riqueza. Outro dado muito interessante, em relação à atitude e planejamento futuro, mostrou que 43% dos respondentes afirmam que o "Dinheiro foi feito para gastar" e 32% afirmam que preferem viver para o presente e deixar o futuro se resolver sozinho. E, com relação ao planejamento para aposentadoria, 48,9% esperam apenas se aposentar com o dinheiro contribuído para o INSS e 3,9%, apenas, possuem um plano de aposentadoria privado. Isso mostra o pouco conhecimento sobre finanças e, principalmente, precisamos mudar nossa mentalidade sobre dinheiro. Nós como homens de família não podemos deixar nosso futuro para que o governo (ou outra entidade) nos sustente.

---

150 https://www.bcb.gov.br/content/cidadaniafinanceira/documentos_cidadania/serie_cidadania/serie_cidadania_financeira_7_Global_Findex.pdf

Agora, voltando ao versículo deste capítulo, o que me chama atenção é a consequência da falta de sabedoria em relação ao dinheiro (e como isso foi comprovado pela pesquisa que acabamos de mencionar). A sabedoria é fruto de uma vida de experiências adquiridas por situações que vivemos, presenciamos ou até participamos e essas experiências adquiridas ao longo da vida fortalece nosso caráter e nos prepara para lidar com situações semelhantes, afinal, se você já superou algum período de escassez financeira no passado, como ficar desempregado, provavelmente você aprendeu formas de criar renda extra, aprendeu novas habilidades, fez uma autoanálise e até procurou desenvolvimento pessoal para sair daquela situação. Com estas experiências adquirimos entendimento sobre diversas situações e a sabedoria somente é útil com a presença do entendimento (sobre si mesmo e sobre as situações ao seu redor). E é exatamente neste ponto que quero chegar: a sabedoria.

Sabe aquele versículo que "salta aos olhos" e cai como uma "bomba" sobre você? Foi exatamente assim que me senti quando li Eclesiastes 7:12, que diz "A sabedoria oferece proteção, como o faz o dinheiro, mas a vantagem do conhecimento é esta: a sabedoria preserva a vida de quem a possui." Não sei quanto a você, mas este versículo é uma revelação quanto a importância que o dinheiro tem em nossa vida. Quase tudo o que eu já estudei sobre dinheiro foi provado quando Deus me mostrou este versículo. Este versículo fortaleceu em mim uma crença de que ter dinheiro é louvável e que não há nada de errado com isso. Passei grande tarde da minha infância e juventude na escassez financeira e tínhamos dinheiro somente para as necessidades básicas. Percebi que, a visão que temos sobre dinheiro vem daquilo que vimos e ouvimos desde a nossa infância. Confesso que nunca pensei na relação que existe entre dinheiro, proteção e sabedoria. Vamos abordar como esses três componentes estão relacionados e de que forma o dinheiro pode trazer proteção.

SABEDORIA

Já parou para pensar que Salomão decidiu obter sabedoria, quando Deus lhe deu a oportunidade de escolher o que desejasse? Salomão poderia ter escolhido ter todo o dinheiro do mundo, ou todas as mulheres que desejasse, ou até ser o homem mais poderoso do planeta. Mas, mesmo diante de tantas opções, ele decidiu escolher a sabedoria! Em 1 Reis 3:5, Deus lhe fez uma oferta: "Nessa noite, Deus apareceu a Salomão e disse-lhe: "Pede-me o que quiseres e dar-te-ei!". No versículo 9, ele responde: "Dá-me agora sabedoria e conhecimento para conduzi-lo com competência. Pois quem seria capaz de governar uma nação tão grande como esta?" Deus respondeu-lhe: "Sendo que o teu maior desejo é seres capaz de servir este povo e que não pretendemos nem riquezas nem honras pessoais, nem pediste que amaldiçoasse os teus inimigos, nem tão pouco que te desse uma longa vida, mas sabedoria e conhecimento para guiar o meu povo, concedo-te o que me pediste, e ainda te darei tantas riquezas, prosperidade e honras como nenhum outro rei antes ou depois de ti! Não haverá depois de ti outro semelhante em toda a Terra!" (1 Reis 3:5:12);

Mas por que obter sabedoria ao invés de qualquer outra coisa? A sabedoria só é útil com a presença do entendimento (conhecimento). Provérbios 4:7 diz: "O conselho da sabedoria é: procure obter sabedoria; use tudo que você possui para adquirir entendimento" e Provérbios 2:6 diz: "Pois o Senhor é quem dá sabedoria; de sua boca procedem o conhecimento e o discernimento". Concluímos então que a sabedoria é suprema, oferecida por Deus a quem desejar, conforme Tiago 1:5 diz: "Se algum de vocês tem falta de sabedoria, peça-a a Deus, que a todos dá livremente, de boa vontade; e lhe será concedida". Já o entendimento (conhecimento ou discernimento) se adquire por experiências e observações das situações que passamos e o conhecimento se obtém estudando qualquer assunto que deseja (esforço pessoal). Resumindo: a sabedoria vem de Deus, o entendimento das experiências e o conhecimento é por sua conta! A sabedoria de Deus possui o poder de penetrar no íntimo da nossa alma, de quebrar todos os padrões pecaminosos e destrutivos a respeito de dinheiro, família, poder, relacionamento e tudo o que você imaginar.

Para concluir este ponto, se coloque por um momento, no lugar de Salomão. Imagine que Deus aparece e te faz a mesma oferta feita para Salomão. Digamos que você decida se tornar o homem mais poderoso da terra (o pedido é somente este, ou seja, isso será dado a você com o mesmo padrão mental que você possui no momento do pedido). O que você supõe que aconteça? Não é possível ser o homem mais rico do mundo e se manter nesta posição se não tem conhecimento de como administrar seu dinheiro nem tem inteligência emocional para lidar com situações em recursos que não tenha maturidade para administrar! Como Deus pode confiar a você mais recursos (dinheiro, bens, negócios) do que você tem hoje se nem o que você possui é gerenciado sabiamente? Você cuida bem da sua casa? O seu negócio está saudável em todos os aspectos? Você cuida bem do seu emprego, faz tudo com diligência, não rouba as horas da sua empresa para fazer coisas que não deveria?

O segredo para manter uma riqueza é saber administrar os recursos que Deus te confiou da maneira como Ele administraria, e não da maneira como nós julgamos ser correta. Essa revelação está na parábola dos talentos (Mateus 25:14-28). Nela um homem confiou os **seus bens** (v. 14) a seus servos e a cada um lhe deu aquilo que **tinha capacidade de receber** (v. 15). Dois dos três servos multiplicaram o que tinham recebido, porém um deles guardou e acabou perdendo tudo. O servo que recebeu cinco talentos, conforme versículo 16, ele **rapidamente** (preste atenção por um momento no versículo 16: "o que havia recebido cinco talentos saiu **imediatamente**, aplicou-os, e ganhou mais cinco" — **grifo meu**) aplicou o dinheiro e o multiplicou! Vamos fazer uma pausa por um momento e analisar o comportamento deste primeiro servo. Você já parou para pensar como ele foi capaz de, em pouco tempo, dobrar os recursos que lhe foi confiado? Nos dias de hoje ele poderia ter investido tudo em ações de uma empresa, ou criado algum negócio que lhe rendeu o dobro do que investiu. O que ele fez não importa, mas este servo nos ensina que ele sabia exatamente o que fazer. Ele sabia como multiplicar o dinheiro porque possuía conhecimento e domínio em alguma área para investir. Ninguém colocaria 100% do que tem em um negócio ou em ações de uma empresa sem possuir nenhum conhecimento sobre o assunto. Seria tolo demais e, se fizesse isso, provavelmente, perderia tudo em pouco tempo! Segunda lição que aprendemos nesta passagem: Tudo o que Deus nos confia deve ser multiplicado! Veja o versículo 26 e 27:

"O senhor respondeu: Servo mau e negligente! Você sabia que eu colho onde não plantei e junto onde não semeei? Então você devia ter confiado o meu dinheiro aos banqueiros, para que, quando eu voltasse, o recebesse de volta com juros." (NVI)

"[...] por que não depositou meu dinheiro? Pelo menos eu teria recebido os juros." (Mateus 25:27 Nova Versão Transformadora)

O servo que perdeu o que tinha foi questionado pelo seu senhor o porquê ele não multiplicou seu dinheiro, nem fez o mínimo que o seu senhor faria e, como consequência, perdeu o pouco que recebeu. A pergunta que fica é: O que estamos fazendo com os recursos que Deus nos confiou? Estamos utilizando-o da maneira como achamos correta ou pedindo sabedoria a Deus para administrar da maneira como Ele administraria? Temos a mentalidade de "gastar" tudo o que Ele nos confiou ou temos sabedoria para "guardar" para o tempo da escassez?

DIA 20

DOMINE FINANÇAS

O rico domina sobre os pobres e quem toma emprestado é escravo de quem empresta.

Provérbios 22:7

Você sabe em que momento do ciclo econômico uma pessoa rica se torna mais rica? Se você pensou que é em momentos de alta, está enganado. É no período de crise que as pessoas ricas se tornam cada vez mais ricas, e isso acontece pelo simples motivo: os ricos possuem capital investido para aumentar sua riqueza e aproveitam as oportunidades para aumentar seus ganhos, comprar ações de empresas ou imóveis baratos e vendê-los mais caro. Você pode pensar que isso seja sorte, mas, na verdade, os ricos (ou aqueles que têm dinheiro) estão mais preparados para as oportunidades do que os pobres. Tem uma frase que diz: "A sorte é o que acontece quando a preparação encontra a oportunidade"[151]. Uma pessoa rica possui parte do

151 Nota: A autoria do pensamento tem vindo a ser erroneamente atribuída a Sêneca, Darrell K. Royal, Elmer G. Letterman. O pensamento, de autoria desconhecida, poderá ser uma adaptação de um pensamento de Demétrio, o Cínico. A evidência mais antiga é de 1912, que antecede o livro "Book of Useful Quotations" (1972), de Elmer Letterman.

seu patrimônio investido para aproveitar as boas oportunidades. Creio que eles não fazem isso para menosprezar os pobres, ou por ganância, mas por terem a mentalidade de sempre aumentar sua riqueza, para estar preparado para quaisquer imprevistos no futuro ou até mesmo para preparar as próximas gerações (veremos isso mais adiante), ou seja, pessoas de mentalidade rica usam o dinheiro de maneira diferenciada das pessoas de mentalidade pobre, dependendo da educação e inteligência financeira.

Robert Kiyosaki em "Pai Rico, Pai Pobre" fez a seguinte afirmação para uma determinada situação: Qual seria o resultado financeiro, daqui a um ano, se déssemos 20 mil reais para 10 pessoas, onde elas poderiam usar este dinheiro como desejassem? Segundo Kiyosaki, 80 não teriam mais nada, 16 teriam entre R$ 20.600 a R$ 21.000 e apenas 4 delas teriam entre R$ 40 mil e R$ 2 milhões (até cem vezes mais), ou seja: 80% gastam, 16% poupam e 4% multiplicam. Impressionante, não? É nos momentos de crise que identificamos quem está preparado! Os 96% creem que a economia é linear, não deixam nenhuma herança para as futuras gerações e colocam seu dinheiro em coisas que desvalorizam e pagam muitos juros, fazem dívidas e gasta 100% do que ganha (o famoso "Paycheck to paycheck").[152]

Agora vamos analisar a vida fictícia de um homem rico e um homem pobre. O homem pobre é aquele que aguarda ansiosamente pelo primeiro dia útil do mês, pois toda a sua renda está destinada a pagar suas contas, fazer aquele churrasquinho no

---

152 É uma expressão usada para descrever um indivíduo que seria incapaz de cumprir suas obrigações financeiras se estivesse desempregado porque seu salário é predominantemente dedicado às despesas. Fonte: https://www.investopedia.com/terms/p/paycheck-to-paycheck.asp#:~:text=Paycheck%20to%20paycheck%20is%20an,is%20predominantly%20devoted%20to%20expenseshttps://www.investopedia.com/terms/p/paycheck-to-paycheck.asp#:~:text=Paycheck%20to%20paycheck%20is%20an,is%20predominantly%20devoted%20to%20expenses.

final de semana com os amigos, fazer compras, passear no shopping, pagar a prestação do carro novo e a lista continua! Próximo do final do mês o dinheiro está quase no final ou até mesmo já acabou e é quando ele se vê em uma situação que precisa decidir se "aperta os cintos" ou usa o cartão de crédito! Este tipo de pessoa, geralmente não possui uma casa própria (vive de aluguel ou a casa é financiada), possui carro financiado ou qualquer outro bem financiado. Ou seja, ele não possui liberdade de escolhas. Digamos que ele perca seu emprego, justamente em um momento de crise econômica onde a taxa de desemprego está alta! Passados alguns meses ele ainda não conseguiu nenhum emprego e o dinheiro que ele tinha para sobreviver já está no fim. O que, inevitavelmente, ele vai fazer? Provavelmente precisa vender seus bens ou devolver seu carro ou sua casa financiada para se livrar das dívidas ou ter mais fôlego para os próximos meses. Agora, quem você acredita que vai comprar esta casa ou o seu carro a preço mais barato e vender alguns meses depois a um preço mais caro e ver seus ganhos de capital aumentar? O rico é claro! E é exatamente isso que este versículo nos ensina.

Quanto maior sua posse, mais poder você tem. Dinheiro é poder, e poder é medido pelo que você tem. José do Egito é o maior exemplo na Bíblia de homem rico e poderoso, pois estava preparado para o tempo de crise e fez com que o Egito se tornasse a nação mais poderosa daquela época. José soube acumular durante o tempo de abundância e no tempo de escassez fez aumentar a riqueza, bens e o poder do Egito. Naquele tempo, José comprou todo o dinheiro, terras e animais que existiam em todo o Egito. A situação ficou tão feia que as pessoas trocavam suas terras e até suas próprias vidas em troca de alimento. Veja o relato de Gênesis 47:13-20:

"E não havia pão em toda a terra, porque a fome era muito grave; de modo que a terra do Egito e a terra de Canaã desfaleciam por causa da fome. Então José recolheu todo o dinheiro que se achou na terra do Egito, e na terra de Canaã, pelo trigo que compravam; e José trouxe o dinheiro à casa de Faraó. Acabando-se, pois, o dinheiro da terra do Egito, e da terra de Canaã, vieram todos os egípcios a José, dizendo: Dá-nos pão; por que morreremos em tua presença? porquanto o dinheiro nos falta. E José disse: Dai o vosso gado, e eu vo-lo darei por vosso gado, se falta o dinheiro. Então trouxeram o seu gado a José; e José deu-lhes pão em troca de cavalos, e das ovelhas, e das vacas e dos jumentos; e os sustentou de pão aquele ano por todo o seu gado. E acabado aquele ano, vieram a ele no segundo ano e disseram-lhe: Não ocultaremos ao meu senhor que o dinheiro acabou; e meu senhor possui os animais, e nenhuma outra coisa nos ficou diante de meu senhor, senão o nosso corpo e a nossa terra; Por que morreremos diante dos teus olhos, tanto nós como a nossa terra? Compra-nos a nós e a nossa terra por pão, e nós e a nossa terra seremos servos de Faraó; e dá-nos semente, para que vivamos, e não morramos, e a terra não se desole. Assim José comprou toda a terra do Egito para Faraó, porque os egípcios venderam cada um o seu campo, porquanto a fome prevaleceu sobre eles; e a terra ficou sendo de Faraó."

A principal crença limitante que precisamos quebrar é que não há nenhum mal em ser rico ou desejar se tornar rico. Ser rico possibilita que ajudemos outras pessoas e, também trazer segurança para nossa família (conforme Eclesiastes 7:12). Veja que interessante o que Provérbios 10:15 diz: "Os bens do rico são a sua cidade forte, a pobreza dos pobres a sua ruína". Este versículo não está dizendo que a segurança dos ricos está em seus bens e no que ele possui, mas o que ele possui lhe dá certa segurança. O pecado está em colocar sua confiança nos seus bens ao invés de confiar em Deus. 1 Timóteo 6:17 nos adverte da seguinte maneira: "Manda aos ricos desta era que não sejam soberbos, nem ponham a esperança na incerteza das riquezas, mas sim em Deus, que nos dá abundantemente todas as coisas que são para alegria". Deus está advertindo os ricos a colocarem sua confiança e esperança n'Ele e não em possuírem riqueza.

Por fim, a Bíblia não ensina que os ricos devem oprimir os pobres, nem que os pobres devem se revoltar para que os ricos os sustentem. Pelo contrário, Deus fez tanto o rico quanto o pobre (Provérbios 22:2), o que a Bíblia condena é o comportamento e a mentalidade pecaminosa a respeito de dinheiro, como:

Menosprezar e oprimir o pobre (Tiago 2:6 e Amós 4:1);

Avareza — apego excessivo ao dinheiro (Provérbios 18:23);

Se aproveitar (no sentido ruim) do pobre para se enriquecer (Provérbios 22:16,22; Amós 5:11,12; Amós 8:4-6);

Desvalorizar o outro (Amós 2:6).

Deus está lhe dando a oportunidade de mudar sua crença a respeito de dinheiro e começar a pensar na possibilidade de se tornar um homem rico, abençoar pessoas e gerações. Decida hoje ser um agente de bênção com os recursos financeiros que Deus lhe confiar.

DIA 21

HONRE A DEUS COM SEUS BENS

Honre o Senhor com todos os seus recursos e com os primeiros frutos de todas as suas plantações; os seus celeiros ficarão plenamente cheios, e os seus barris transbordarão de vinho.

Provérbios 03:09-10

Qual é a primeira coisa que você faz quando recebe o salário do mês? Você cuida e zela pelos bens que você possui? É exatamente disso que trata esta passagem de Provérbios. Antes de aprofundar no estudo de hoje, precisamos entender que nós não somos possuidores de nada do que existe na terra, nem do que nós mesmos possuímos. Salmos 24:1 diz "Ao Senhores pertence a terra e tudo o que nela se contém, o mundo e os que nele habitam" (ARA), Ageu 2:8 diz: "*Tanto a prata quanto o ouro me pertencem*", Levíticos 25:23 diz: "A terra não poderá ser vendida definitivamente, porque ela é minha, e vocês são apenas estrangeiros e imigrantes", 1 Crônicas 29:11-12 diz "Teus, ó Senhor, são a grandeza, o poder, a glória, a majestade e o esplendor, pois tudo o que há nos céus e na terra é teu. Teu, ó Senhor, é o reino; tu estás acima de tudo. A riqueza e a honra vêm de ti; tu dominas sobre todas as coisas". Você deve estar se perguntando: Qual é o meu papel? Somos apenas mordomos dos bens que Deus nos confiou[153]. A primeira verdade que precisamos compreender é que Deus nunca transferiu a posse da Sua criação para nós, ele apenas nos confiou a guarda e a utilização deles. E aqui está um ponto importantíssimo, não podemos administrar os recursos de qualquer forma, como mordomos nossa missão é administrar da maneira como Deus administraria. Esta é a chave do sucesso e da abundância. Larry Burkett diz: "Quando reconhecemos o domínio de Deus, cada decisão quanto ao gasto do dinheiro torna-se espiritual. Já não perguntamos: Senhor, o que queres que eu faça com o meu dinheiro? A pergunta será: Senhor, o que queres que eu faça com o Teu dinheiro". Um mordomo tem autoridade dada pelo seu senhor na administração dos bens que lhe foram confiados e tem a total responsabilidade por todas as posses do seu senhor. Como você acha que o seu patrão cuidaria e administrava seus próprios bens? Com certeza não seria de forma desleixada nem desperdiçar seus recursos. Salmos 8:6 diz: "Deste ao homem o domínio de toda a criação, autoridade sobre todas as criaturas".

A segunda verdade é que devemos ser mordomos fiéis. Não é um mordomo qualquer! A honra está estritamente ligada com a fidelidade. Devemos ser fiéis em 100% do que Deus nos confia. Um mordomo fiel é responsável por aquilo que tem, seja muito ou pouco. Vamos analisar a parábola dos talentos em Mateus 25:14-26. Os talentos eram unidades de peso que depois passou a ser uma unidade monetária, ou seja, seis mil denários que equivale a um dia de trabalho de um homem. No versículo 14, o senhor confia seus bens para seus servos. Vemos o princípio do senhorio de Deus reconhecendo que é d'Ele todas as coisas e que Ele nos confiou suas posses. No versículo 15 a 18 vemos a maneira como os servos administram os bens confiados a ele, sendo dois deles elogiados pelo seu senhor por terem administrado sa-

153 1 Coríntios 4:2

biamente os recursos a eles confiados. O terceiro servo foi punido por não ter administrado os bens, ter escondido e devolvido para seu senhor da mesma maneira que recebeu. Esta parábola mostra que não importa o quanto nos é confiado para administrar, mas a nossa dedicação em administrar o que Deus nos confiou de forma sábia e da maneira como ele administraria.

A terceira verdade é que Deus espera que multipliquemos seus bens confiados a nós. Isso mesmo, multiplicar! Os versículos 26 e 27 de Mateus revela este segredo quando diz: "Então você devia ter confiado o meu dinheiro aos banqueiros, para que, quando eu voltasse, o recebesse de volta com juros". Já parou para pensar que tudo o que Deus criou, Ele deu ordens para multiplicação? As frutas foram criadas com sementes para serem multiplicadas. Os seres viventes (animais e seres humanos) foram criados com órgãos reprodutores para se multiplicarem. Vejamos o que diz Gênesis 1:22: "Então Deus os abençoou, dizendo: Sejam férteis e multipliquem-se!". O mesmo acontece na criação do homem e da mulher no versículo 28: "Sejam férteis e multipliquem-se!". A responsabilidade pela multiplicação é nossa e a bênção está sobre nós.

A quarta verdade é que devemos usar nossa inteligência para multiplicar o que nos é confiado. Em Mateus 25:27 mostra esta verdade quando diz: "Então você deveria ter confiado o meu dinheiro aos banqueiros, para que, quando eu voltasse, o recebesse de volta com juros". O servo mau não teve sabedoria para pensar em alternativas para multiplicar o que lhe foi confiado. A fidelidade está intimamente ligada com a honra e a honra produz abundância. Quando somos fiéis na administração do que nos é confiado, estamos honrando aquele que nos confiou seus bens e esta é a chave para nos tornarmos um bom mordomo.

E a última pergunta que lhe faço é: E a questão das primícias? As primícias refletem onde está o nosso coração, se está nas leis do Senhor ou se estão nos bens. O que fazemos quando recebemos o nosso salário do mês? Pagamos todas as contas, compramos presentes, vamos ao restaurante e somente no final do mês é que damos nosso dízimo? Esta é uma ilustração que mostra qual a nossa prioridade com relação ao dinheiro. Quando rendemos a Deus as primícias de tudo o que recebemos, nos desprendemos do uso deste recurso e confiamos em Deus e na Sua palavra. A fidelidade atrelada à honra das nossas primícias garante a promessa de prosperidade.

Reflita por um instante sob onde está o seu coração? Como você tem cuidado e zelado pelos bens que Deus lhe confiou (casa, carro, família)? Qual a sua primeira atitude quando recebe o salário do mês? A autoanálise do nosso comportamento permite que o Espírito Santo nos mostre onde estão as nossas falhas de caráter e a possibilidade de corrigirmos estas falhas a ponto de parecermos mais com Jesus Cristo.

DIA 22

NÃO SEJA FIADOR

Meu filho, se você serviu de fiador do seu próximo, se, com um aperto de mãos, empenhou-se por um estranho; e caiu na armadilha das palavras que você mesmo disse, está prisioneiro do que falou. Então, meu filho, uma vez que você caiu nas mãos do seu próximo, vá e humilhe-se; insista, incomode o seu próximo! Não se entregue ao sono, não procure descansar. Livre-se como a gazela se livra do caçador, como a ave do laço que a pode prender.

Provérbios 6:1-5

Alguns acham que não existe nenhum problema em "ajudar" alguém conhecido ou em servir como fiador dela, pois se baseiam apenas em ajudar o próximo na confiança que aquela pessoa vai cumprir com suas obrigações (sua palavra em lhe pagar). Eu pensava exatamente assim e, além de já ter sido fiador de familiares, eu também permiti que outras pessoas fossem fiadores para mim. Tomado pelo temor do Senhor, recentemente, me desfiz de qualquer obrigação que eu assumi com outras pessoas próximas e até quando eu tinha uma pessoa sendo minha fiadora. Este versículo não trata somente da questão de ser fiador ou de não ajudar uma pessoa próxima, mas do risco da outra pessoa não assumir com suas obrigações contratuais e você se responsabilizar por uma dívida que outra pessoa não tinha condições de cumprir e entrar em estado de escravidão. Este é o ponto central e o risco que existe em ser fiador de alguém.

A lei levítica proibia o empréstimo com juros a israelitas pobres[154]. Devia-se emprestar o dinheiro necessário ao israelita pobre sem qualquer garantia. A Lei exigia que se um homem emprestava e tomava algo como garantia, ele não devia entrar na casa do seu devedor para retirar a garantia à força. E se um homem pobre entregava suas vestes como garantia, o seu credor devia devolvê-las naquele mesmo dia[155]. O que observamos é a disposição de um coração generoso a alguém que não tinha condições de se sustentar, porém sem cobrar qualquer garantia por isso.

A palavra fiador significa "tomando sobre si a responsabilidade de cumprir a obrigação do fiador, se ele não a cumprir". Quando alguém procura por um fiador, ela está dizendo que não tem condições de assumir uma dívida futura que venha a se tornar e que precisa de alguém para assumir e pagar a dívida por ela. Não se trata de apenas se comprometer com seu dinheiro, mas com sua palavra e seu nome. É o seu nome que vai para o contrato. Junto com seu nome carrega-se a sua reputação. A partir do momento que você assume esta responsabilidade, você está dizendo que se compromete com a responsabilidade de que, se a outra parte não cumprir com sua obrigação, você assume a obrigação e todos os efeitos do contrato recai sobre você. Você entende a seriedade disso?

Antes de assumir qualquer compromisso, a primeira pergunta que precisamos responder para nós mesmos é: "Eu tenho reserva financeira suficiente para cobrir todas as dívidas que a outra parte assumir?". Para um homem com família esta questão é muito mais séria, pois são os recursos da família que estão sendo comprometi-

154 Levíticos 25:35-37

155 Deuteronômios 24:10-12

dos. Se o homem não tem reservas financeiras para os imprevistos que possam vir a ocorrer, por que se responsabilizar por uma dívida que não poderá cumprir? A responsabilidade do homem é proteger e guardar sua família. Isso é amor. Utilizar os recursos financeiros para arcar com gastos que não estão no orçamento familiar e, principalmente, pagar dívidas que não foram adquiridas pela família (em comum consenso), é falta de amor e proteção.

A Bíblia também diz que a dívida é semelhante à escravidão. Quando estamos em dívida com alguém, somos escravos daquele que devemos e somente estaremos libertos quando quitarmos com toda a dívida. Então, se estou escravo, então ele será o meu senhor, pois se não cumprir com meu compromisso ele tem o direito de tirar o que eu tenho para que a dívida seja paga. Não é mais Deus o meu Senhor nesta área específica, mas o dinheiro, pois demos a ele o poder sobre nós nesta área. Então se o dinheiro é o meu senhor, estou dando a Mamom (a palavra Mamom vem do aramaico e significa "dinheiro" ou "riqueza") o senhorio da minha vida financeira. Uma vida dedicada a Mamom é uma vida de medo, frustração e ansiedade e não uma vida de paz, prosperidade e segurança que Deus garante em sua palavra. O mesmo vale para quem assume consórcios. Não sei se você já percebeu, mas quando você compra um carro através de consórcio, o documento do carro está escrito "Alienado a...". Isso significa que você tem o direito de utilizar o carro por quanto tempo o contrato estiver em vigor, porém você não é o proprietário do veículo até que toda a dívida tenha sido paga. Assim que eu me casei, eu e minha esposa entramos em um consórcio e em pouco tempo demos um lance e fomos sorteados. Adquirimos o carro e no documento estava escrito "Alienado a...". Logo que tivemos o entendimento da relação existente entre dívida e escravidão, colocamos todos os nossos esforços em quitar aquela dívida e nos vermos livres dela. Até que esta dívida fosse sanada, não adquirimos mais nenhuma. Decidimos ter uma vida simples e juntar para comprar à vista o que desejamos, pois sabemos que este período será temporário. A palavra de Deus é clara quando diz que não devemos dever nada a ninguém[156].

Mas, glória a Deus que a sua palavra possui solução para todas as questões. Para situações como esta, existem duas soluções:

Diga não:

Por mais que isso doa em você. Melhor é estar com a alma em paz do que sofrer de ansiedade por ter que assumir uma dívida que não poderia e comprometer suas finanças. Provérbios 22:26-27 diz: "Não seja como como aqueles que, com um aperto de mãos, empenham-se com os outros e se tornam fiadores de dívidas; se você não tem como pagá-las, por que correr o risco de perder até a cama em que dorme". Dê o dinheiro da garantia e não espere que seja devolvido. Salmos 37:21 diz: "Os ímpios tomam emprestado e não devolvem, mas os justos dão com generosidade" e o versículo 26 diz: "Ele (o justo) é sempre generoso e empresta com vontade; seus filhos serão abençoados". O homem justo está disponível a ajudar, pois sob o justo está a bênção de Deus não somente para ele mas para seus filhos e está a prosperidade dos bens que lhe foram confiados por Deus[157].

Resumindo:

- Não seja fiador de ninguém, mesmo que seja parente próximo;
- Se estiver como fiador, procure sair desta "promessa de dívida" o mais rápido que puder

Se alguém estiver te pedindo para ser fiador e você confiar nesta pessoa, dê o dinheiro da garantia. Seja generoso e você e sua família serão abençoados.

---

156 Romanos 13:7-8

157 Provérbios 11:25 e 22:9

DIA 23

NÃO SEJA PREGUIÇOSO

Observe a formiga, preguiçoso, reflita nos caminhos dela e seja sábio. Ela não tem chefe, nem supervisor, nem governante, e ainda assim armazena as suas provisões no verão e na época da colheita ajunta o seu alimento

Provérbios 06:06-11

Formigas são ótimos exemplos de como se planejar para tempos difíceis e escassez. Apesar de não terem nenhum chefe ou supervisor, que necessite sempre estar dizendo o que devem fazer e como fazer, elas possuem organização social e conseguem trabalhar em conjunto de maneira fantástica. Além das formigas, os ursos polares também conhecem este conceito e se preparam para o inverno. A relação que o autor de Provérbios faz com o preguiçoso é de uma pessoa que não gosta de trabalhar (ou aquele que espera dos outros — como pais, família, amigos, governo — que os socorram) e como usamos o tempo que Deus nos deu. Então vamos lá!

TEMPOS DIFÍCEIS VIRÃO E SOMENTE AQUELES QUE ESTIVEREM PREPARADOS SOBREVIVER-LHE-ÃO.

Primeira lição: períodos de escassez provavelmente virão e podemos estar suscetíveis aos seus estragos. Podemos traduzir esses períodos de escassez para os dias atuais como o ciclo econômico. Ciclo econômico são alternâncias de períodos de crescimento relativamente rápido (chamado recuperação e prosperidade), com períodos de relativa estagnação ou declínio (contração ou recessão). Em períodos de crescimento, muito se fala em expansão da economia, busca de novos investimentos e tecnologias, bens de capital e *commodities*. Já em períodos de recessão e depressão, os investimentos se limitam a ações de defesa, cortes de pessoal, redução dos salários e benefícios.

Edwin Louis Cole tem uma frase em seu livro Homens fortes em tempos difíceis, que diz: "Nós homens precisamos ensinar nossos filhos e preparar-lhes o caráter a fim de que este os sustente nos dias difíceis". Gosto muito do costume do povo judeu no que diz respeito à educação de seus filhos. Existe um termo judaico chamado *Chinuch* que significa "moldar o caráter da criança e guiá-la, passo a passo, pelos caminhos que a ajudarão a torná-la uma pessoa íntegra e um bom judeu em sua totalidade". Quando mudarmos nossa mentalidade sobre o verdadeiro significado de educação (não a educação escolar, mas o desenvolvimento emocional e espiritual) e trazer a responsabilidade para si, como pais, formaremos homens e mulheres capazes de mudar uma nação inteira, que não serão levados pelas circunstâncias da vida, mas serão maestros de suas próprias vidas.

Preste atenção nas seguintes palavras citadas acima: guiá-la, passo a passo. A integridade de uma criança judia está atrelada ao convívio e ensino diário que os pais têm a responsabilidade de exercer. É no dia a dia que princípios e valores vão formando o caráter de uma criança, que os ensinamos a terem o senso de autorresponsabilidade pelos seus atos e saber que o que eu planto hoje será a minha colheita no futuro. Se eu planto trabalho e dedicação, vou colher o resultado do meu trabalho e dedicação. Se eu plantar comodismo e ficar assistindo séries, jogos de futebol e outras "diversões" (não tenho nada contra isso, desde que todo o trabalho necessário tenha sido feito anteriormente), não vou colher nada no meu futuro. Como pai, se você não mostrar para seu filho(a) o uso eficiente do tempo que você tem ou a maneira como você o utiliza, ensinará seus filhos a desperdiçarem o ativo mais valioso do mundo.

Seus filhos precisam ver que, você e sua esposa, estão preparados para tempos de escassez. Não é viver uma vida baseada no medo de que um dia as coisas podem piorar, que você pode perder o emprego e ter que vender tudo o que tem. Vamos imaginar duas situações: uma determinada família, ainda sem filhos (é isso mesmo, marido e esposa são uma família e os filhos são o complemento dela e não o que faltava), sempre teve uma vida apertada, tudo o que ganhava dava para pagar as contas e ainda sobrava um pouco para guardar, porém, quando ocorria um imprevisto, tudo o que juntaram era usado e voltaram à estaca zero. O desejo deles era ter uma vida financeira confortável e estável, sem se preocupar com a possibilidade de faltar dinheiro para pagar suas despesas. Porém, eles nunca tiveram uma vida disciplinada, nunca abriram mão dos filmes no cinema (pelo menos duas vezes ao mês), nem dos seriados no Netflix, além de ficarem horas e horas nas redes sociais compartilhando besteirinhas e mostrando uma vida que realmente não viviam. Estudavam somente o necessário e não se preocuparam com seu desenvolvimento pessoal e profissional e nunca se planejaram para o futuro. Esta família sempre viveu à margem (no limite) em sua área financeira e profissional. De repente o homem perde o emprego, mas ele está relativamente tranquilo, afinal as rescisões trabalhistas dão para "segurar as pontas" por alguns meses e a sua esposa ainda trabalha. Então, ele começa a procurar emprego, mas o país está passando por um período de recessão, existem muitas pessoas muito mais qualificadas do que ele desempregadas. O tempo passa e ele não consegue emprego, o dinheiro vai acabando, sua esposa sente o peso da responsabilidade e trabalha horas extras para cobrir as despesas, eles começam a fazer contenção de despesas (algo que eles nunca se preocuparam em fazer naturalmente durante sua vida). O que aconteceu nesta família é que eles não se prepararam para o tempo de dificuldade. Para algumas pessoas este tempo pode vir e precisamos estar preparados. Não é viver uma vida à base do medo, juntar tudo o que tem, e esperar o tempo da dificuldade e escassez! Possuir reservas financeiras por cobrir os gastos de meses ou anos é ter sabedoria. As formigas possuem este tipo de "sabedoria", por que muitos de nós não a temos? Quando uma família passa por um tempo de escassez sem estar preparada, todos sofrem, inclusive os pais, tios, irmãos, etc. A sua irresponsabilidade em usar sabiamente o tempo para se preparar e ser o melhor em sua área pode trazer destruição nos sonhos da sua esposa, traumas para seus filhos e feridas que somente Jesus pode cicatrizar.

Todos os outros "meios" são apenas distrações para desviar as crianças do conhecimento e aprendizado que eles deveriam obter através dos pais. Situações difíceis vão surgir. O mundo é cruel, intolerante e somente aquele que possui um caráter forte vai conseguir sair vencedor. Não permitam que a vida lhes dê um "tapa na cara" e somente percebam isso aos 30 anos. São os princípios e valores ensinados diariamente pelos pais que vão fortalecer nossos filhos e formar-lhes homens e mulheres vencedores.

RESPONSABILIZE-SE PELOS SEUS RESULTADOS

Certo dia ouvi um coach dizendo a seguinte frase: sua vida hoje é resultado de suas escolhas do passado e determinam o resultado do seu futuro! Isso significa que, muito provavelmente, o que você está colhendo hoje é o resultado do que você plantou no passado e o que você está plantando hoje será o resultado do seu futuro. É o princípio da semeadura relatado em Gálatas 6:7 "Pois o que o homem semear, isso também colherá". Você é totalmente responsável pelos resultados positivos e negativos em sua vida familiar, profissional, financeira, relacionamento com sua esposa, relacionamento com seus filhos e com Deus.

Digamos que João deseja ser um gerente na empresa que trabalha, porém, ele ainda é um profissional administrativo! Pois bem! João constantemente se relaciona com os gerentes da sua empresa e pensa consigo mesmo: "um dia vou ser um destes gerentes". Ele deseja isso de todo o coração sem nenhuma maldade e isso não é nenhum pecado. Porém, João leva uma vida mediana, não se dedica a estudar mais do que as outras pessoas comuns, não estuda sobre desenvolvimento pessoal, gasta horas e horas em redes sociais, assiste diversas séries no Netflix, não coloca foco em sua vida, não se planeja para se tornar quem ele gostaria de ser. Ou seja, ele é mais um na multidão, ele é apenas um homem medíocre (qualquer pessoa que leva uma vida na média, faz o que a manada faz, possui pouca qualidade no trabalho, nos relacionamentos com sua família, na administração financeira).

Não podemos transferir a responsabilidade pelos desastres que estamos passando para satanás e seus demônios. Se não temos o emprego dos sonhos é porque não nos preparamos o suficiente para adquirir determinado emprego. Pare de transferir a sua responsabilidade para os outros. Nem Deus vai fazer aquilo que somente você pode fazer! Transferir a responsabilidade não vai amenizar a frustração pelo seu fracasso muito menos melhorar sua situação. A única solução seria assumir a responsabilidade por tudo aquilo que acontece comigo, sejam fatos positivos ou negativos. Tendemos a transferir a culpa de eventos negativos para outras pessoas ou circunstâncias e nos vangloriar pelos eventos positivos. Vejamos algumas situações em que tendemos a transferir a culpa para o outro:

— "Eu nunca teria esquecido do nosso compromisso de você nascer tivesse ao menos me lembrado com antecedência!"

— "Eu chego atrasado diariamente, pois pego muito trânsito e porque moro muito longe. Se não fosse esse monte de carros, com certeza, chegaria a tempo!"

— "Me desculpe, mas não consigo me controlar quando ouço alguém me desaforar. Tenho que partir para cima."

Eis uma situação que aconteceu comigo: eu, minha esposa e meu filho havíamos viajado e estávamos hospedados na casa da minha cunhada. Minha mãe estava conversando com ela enquanto nosso filho estava sob a minha responsabilidade. Quase na hora de dormir eu fiz nossa cama e a do nosso filho. Ele estava muito animado por estar na casa da "titia" e corria por toda a casa. Enquanto minha esposa estava colocando a conversa em dia, coloquei nosso filho para deitar na cama que ficava ao lado da nossa. Enquanto ele estava deitado, decidi levantar e fechar a cortina, dando as costas para nosso filho crendo que ele estava quietinho deitado na cama. De repente ouvi um barulho alto e o nosso filho deu um grito. Ele se levantou para ver o que eu estava fazendo, subiu no sofá e se desequilibrou batendo a cabeça na quina de um móvel. Quando olhei para trás ele estava com o rosto sangrando e uma ferida acima do nariz. Por um milagre não pegou em seu olho, pois caso isso tivesse acontecido ele estaria certamente cego. Agora adivinha qual foi minha primeira resposta ao ser abordado por minha esposa sobre o ocorrido? Isso mesmo, todas as desculpas possíveis como: "ele estava deitado e não vi que ele se levantou". "Foi tão rápido que não poderia imaginar que isso ocorreria!".

Nenhuma das respostas que possamos dar vai solucionar o problema. A transferência de culpa é apenas um paliativo que damos para nos eximirmos da culpa. É uma atitude covarde. Quando assumimos a responsabilidade, toda a perspectiva sobre nós mesmos muda. Abrimos a possibilidade de olhar-nos e tentar identificar o que aconteceu de errado e procurar por soluções para melhorar nosso desempenho, nossa posição no trabalho, nossa posição como homem. Autorresponsabilidade é uma habilidade que precisa ser desenvolvida diariamente, como um músculo do seu corpo. Se você quer ter uma barriga tanquinho, uma das coisas que precisa fazer é exercitar seus músculos diariamente. É muito cômodo transferir a culpa e se eximir da responsabilidade pelo fato ocorrido, afinal você não precisa lidar com todo o desconforto que ocasione. A prática de autorresponsabilidade permite que assumamos o controle das áreas de nossa vida e, quando assumimos o controle de todas as áreas de nossa vida, nos responsabilizamos pelas situações que vão levar ao sucesso ou ao fracasso é a possibilidade de mudar o resultado da nossa vida.

Vejamos o pior exemplo que temos na Bíblia, Adão! Deus deu o livre-arbítrio para o homem fazer suas escolhas e Deus lhe deu deveres e responsabilidades bem claros e relativamente simples: cuide do jardim e não coma do fruto da árvore-da-vida (Gênesis 2:15-17). A ordem foi bem clara e direta para o homem, pois a mulher ainda não fora criada. Bem, após a criação da mulher, satanás aproveitou o exato momento em que a mulher estava desprotegida para enganá-la a respeito da ordem que Deus dera a Adão. Veja algo interessante aqui, a ordem foi dada para Adão e não para Eva. Mesmo que satanás tenha tentado e enganado a Eva, isso não exime Adão da responsabilidade de cuidar do jardim e evitar que o fruto da árvore-da-vida seja consumido. Eva foi enganada pela serpente e acabou comendo do fruto da árvore proibida e a deu para Adão que também o comeu consciente da sua responsabilidade. Eva sabia que era proibido comer deste fruto (Gênesis 2:2-3), mas ela o comeu. Depois disso Deus foi ao encontro de Adão e Eva, chamando primeiramente Adão questionando-o do porquê de ele ter comido o fruto proibido. A pergunta que Deus fez para Adão foi bem clara: "você comeu do fruto da árvore da qual o proibi de comer?". Da mesma forma que a pergunta foi simples e direta, você concorda que a resposta também deveria ser?

Creio que Deus deu a Adão a oportunidade de assumir a responsabilidade por desobedecer à ordem d'Ele, mas ao invés disso ele disse: "foi a mulher que me deste por companheira que me deu do fruto da árvore, e eu comi." (Gênesis 3:12). Não seria tão simples se Adão respondesse: "sim, comi! Fiz a maior besteira, sou o total responsável pelo que ocorreu e Eva não tem nada a ver com isso. Se alguém tem que pagar o preço essa pessoa sou eu." Que resposta cheia de responsabilidade, amor sacrificial pela sua esposa (que ao invés de acusá-la e sobrecarregá-la de algo que não era sua responsabilidade, ele teve amor sacrificial por ela eximindo-a de qualquer culpa e consciência) e coragem. Mas, infelizmente, não foi assim que aconteceu.Ele jogou a responsabilidade para Eva como se ele tivesse somente comido porque Eva lhe ofereceu o fruto. E Eva, no que lhe concerne, aprendeu rapidamente com Adão a transferir as responsabilidades e quando Deus lhe fez a mesma pergunta ela transferiu a responsabilidade para a serpente. A falta de hombridade de Adão fez com que todos sofressem por sua falta de responsabilidade. Ao contrário de Adão, Jesus Cristo assumiu toda a responsabilidade pelos nossos pecados se tornando maldição em nosso lugar.

Para concluir, reflita na passagem de Provérbios 20:4 que diz: "O preguiçoso não ara a terra na estação própria; mas na época da colheita procura, e não acha nada". Se você não preparar a terra agora: 1) ninguém vai preparar a terra para você. Esta é a sua responsabilidade e sua família é quem vai sofrer as consequências da sua irresponsabilidade ou usufruir da sua dedicação e amor por eles; 2) a colheita virá e somente quem arou a terra e plantou, regou e cuidou das sementes é que vai usufruir de uma colheita abundante.

DIA 24

ACORDE

Quem trabalha a sua terra terá fartura de alimento,
mas quem vai atrás de fantasias não tem juízo.

Provérbios 12:11

O que faz um homem pensar que pode obter qualquer coisa de Deus sem qualquer esforço de sua parte? Vivemos numa época em que o imediatismo sem esforço parece uma filosofia. Vivemos um evangelho que parece que só porque somos filhos de Deus temos o direito de receber "por herança" qualquer coisa sem que movamos uma palha sequer, como se Deus fosse nosso empregado. O grito que Salomão dá é: "acorde e saia do seu mundo de fantasias". A verdade é que ninguém, absolutamente ninguém, recebe nada de graça. É necessário suar a camisa, sujar as mãos, colocar sua mente para funcionar e, se necessário, criar novos projetos. Deus não vai te dar uma mesa pronta, mas pode te dar as ferramentas para você usar sua força para cortar uma árvore, inteligência para construir uma linda mesa de madeira e sabedoria para vendê-la por um bom preço.

Voltemos à pergunta que fiz inicialmente: O que nos faz pensar que podemos obter, de Deus, benefícios materiais sem nos esforçarmos para obtê-lo? Nem mesmo Adão, antes da queda, não recebia tudo de graça. Deus o colocou no jardim e lhe deu a responsabilidade de cuidar e trabalhar nele para obter o seu alimento. A grande diferença entre o Adão de antes da queda e o Adão depois da queda era que o seu sustento viria do suor do seu trabalho, ou seja, um esforço que Deus não planejou para o homem (Gênesis 3:17). Algumas versões desta passagem dizem "com sofrimento você se alimentará dela todos os dias da sua vida." Ou seja, o homem precisava trabalhar duro para obter o seu alimento (ter a recompensa pelo seu trabalho). O primeiro filho de Adão foi agricultor (Gênesis 4:2). Entretanto, Deus deu ao homem sabedoria para na área agrícola antes mesmo do homem ter inventado máquinas para facilitar o seu trabalho (Isaías 28:23-29).

Um dos grandes problemas que observo da geração atual é a grande facilidade de se obter tudo no mínimo tempo ao toque de suas mãos. As facilidades que a tecnologia nos oferece é uma bênção, entretanto, o uso desacerbado dela quando não estão alinhadas com suas metas de desenvolvimento pessoal e profissional é que são o problema. O problema não está na tecnologia e suas facilidades, mas como a usamos. Existem muitos homens (de qualquer idade) que passam horas e horas a fio nas redes sociais, bombardeados de informações inúteis e sem valor, sem produzir nada de valor para ele, para sua família e até para seu trabalho. Não há nenhum problema em olhar as redes sociais, assistir maratona de séries, mas precisamos responder refletir sobre algumas perguntas muito importantes primeiro:

"Hoje, você está profissionalmente preparado para dar segurança financeira para sua família, caso aconteça algum imprevisto?"

"Você que deseja se casar possui capacidade de sustentar sua esposa e dar uma vida melhor do que ela tem hoje?"

"Sua esposa se sente financeiramente segura com a situação financeira da sua família?"

"Hoje, você que deseja ter um filho, tem capacidade de sustentá-lo, colocá-lo em uma boa escola, providenciar uma ajudadora para sua esposa enquanto seu filho ainda é pequeno? Ou você pensa que ela vai ficar feliz e sorridente sozinha cuidando de um bebê e ainda ter que fazer as coisas em casa?"

Minha esposa já me disse muitas vezes que eu "Vivia pulando na nuvem de algodão-doce", como se eu não vivesse nesse mundo, nesta realidade. E ela tinha razão. Por muito tempo eu vive como se eu fosse autossuficiente, que minhas pós-graduações e diversas certificações internacionais me garantisse estabilidade financeira, sem a necessidade de me aprimorar mais a cada dia. Eu vivia em um mundo onde nada poderia me acontecer. Estava feliz em viver uma vida medíocre, ser a média das pessoas, tirar a média das notas das provas da minha segunda graduação, ou seja, ser mais um na multidão e ainda esperar que minha esposa fique totalmente satisfeita com esta vida que eu estava dando para ela. O problema é que minha máscara somente caiu depois de vários meses desempregado. Os meses foram passando e nada surgia e a cada dia que passava minha esposa e eu conhecíamos mais que tipo de homem eu realmente era. Por toda a minha vida e até depois que me casei, vivi sem trabalhar corretamente "minha terra" e nunca esperei ter abundância. Consequentemente, vivia uma vida de fantasias, onde tudo daria certo e, se não desse, alguém viria me socorrer. Mas a grande verdade é que nem Deus vai te socorrer se o que necessita ser feito depende somente de mim. Isso parece soar um Deus diferente do que conhecemos na Bíblia, mas a grande verdade é que temos tudo o que precisamos para termos fartura em todas as áreas de nossa vida, seja ela emocional, espiritual, financeira, conjugal e saúde. O problema é que esperamos que Deus nos dê tudo de bandeja, e Deus espera que utilizemos os recursos que Ele nos forneceu para amadurecermos e conquistar aquilo que já está prometido para nós.

Vamos abordar este versículo de Provérbios em duas partes: primeiro abordaremos a segunda parte deste versículo que trata de buscar por fantasias e depois abordaremos o verdadeiro significado de trabalhar a sua terra.

QUEM VAI ATRÁS DE FANTASIAS NÃO TEM JUÍZO

A palavra original utilizada para "fantasias" também significa "coisas vazias". Uma perfeita ilustração de quem corre atrás de coisas vazias é uma coisa atrativa por fora, mas vazia e sem valor por dentro. Se você já teve filhos sabe muito bem o que é brincar de bolhas de sabão com eles. As crianças ficam fascinadas com as bolhas de sabão que fazemos, pois elas são lindas. Mas quando elas estouram, perdem totalmente a graça. E adivinha o que elas fazem? Procuram rapidamente outras bolhas de sabão para estourar ou descobrir o que tem dentro dela e assim o ciclo se repete até que a brincadeira acabe. O que sustenta esta brincadeira é a imaginação de que elas encontrarão algo nas bolhas ou somente a existência delas. Não existe brincadeira sem bolhas: elas são apenas bolhas de sabão e não podem oferecer mais nada.

É triste saber que existem homens na faixa dos 30 e até 40 anos que passam a vida se alimentando de fantasias e não se prepararam para a realidade da vida. Para quem é cristão, a coisa fica muito pior, pois ainda esperam que Deus lhe dê aquilo que eles deveriam ter conquistado. Ouvi uma história de um homem que, em seus 34 anos, casado com um filho pequeno e a esposa grávida, está ansioso para chegar em casa para assistir à sua série favorita (que na época estava na modinha) e quando analisamos a sua vida, ele tinha somente uma faculdade e sabia falar inglês muito bem, porém trabalhava em um emprego temporário em um nível abaixo do seu nível escolar, com um salário que não dava para pagar as contas, casa, carro e outros financiamentos para pagar, e mesmo assim vivia tranquilamente como se Deus já soubesse que ele precisava, e esperava em Deus, como um bebê espera pela mamadeira, a "bênção de Deus" chegar. O problema de ele estar nesta situação não é do mercado nem de uma crise que se instalou no país. Ele utilizava seu tempo dissolutamente, ao invés de buscar se aperfeiçoar mais e mais para se colocar em uma posição melhor no mercado e dar mais tranquilidade e segurança para sua família. A bênção de Deus chegará quando estivermos dispostos a lutar por ela. Davi derrotou o gigante Golias, mas teve que saber usar uma funda e "partir para dentro". Muitas das guerras que Israel venceu, e que Deus já concederá a vitória, foi necessário que o exército de Israel saísse da sua zona de conforto e partisse para o campo de batalha. Precisamos confiar em Deus, mas isso não significa que devemos ficar de braços cruzados esperando que o sucesso caia do céu.

Correr atrás de fantasias e esperar por uma herança ou algo parecido é ingenuidade e insensatez. A palavra juízo também significa "qualidade de quem age com prudência, de modo responsável e consciente de suas ações". É ser capaz, sensato, com discernimento, e responsabilidade.[158] Voltando ao caso anterior, aquele homem agiu sem prudência e não teve consciência de suas ações quando decidiu assistir séries e programas de TV onde ao invés deveria estar estudando uma nova habilidade, analisando o mercado e fazendo cursos para se adequar às mudanças. Ele não amou e protegeu sua família dando-lhes segurança financeira quando deveria ter estudado ao invés de desperdiçar seu tempo com coisas vãs.

158 https://www.significados.com.br/juizo/

Um dos exemplos que temos na Bíblia é o filho pródigo, que consta em Lucas 15:11-32, onde o filho mais novo pega a sua parte da herança, sai de casa e desperdiça tudo o que tinha. Ele poderia usar o dinheiro que possuía para obter novos conhecimentos, comprar uma nova propriedade, começar um negócio, aprender novas habilidades, ou seja, usar dois dos recursos mais valiosos que temos (Tempo e Dinheiro) para multiplicar, mas decidiu viver dissolutamente. Não teve sabedoria para utilizar os recursos que tinha nas mãos, foi irresponsável e correu atrás de coisas vãs. Correr atrás de fantasias é buscar o prazer imediato e, ao mesmo tempo, vazio por si só, se alimentar de coisas e pessoas que não vão lhe trazer benefício e crescimento pessoal e profissional algum.

QUEM TRABALHA A SUA TERRA TERÁ FARTURA DE ALIMENTO

Sabe o que eu acho mais interessante no trabalho de um agricultor? A colheita não é imediata. Tudo o que ele planta é necessário administrar para colher em um tempo futuro. A colheita é uma construção feita por muito tempo de trabalho onde será necessário abdicar de muitas coisas para ter o benefício futuro. A Palavra de Deus garante que a fartura virá somente para quem trabalha. Ninguém vai colher algo que não plantou.

Antes da queda de Adão e Eva, Deus após ter criado Adão, o colocou no jardim com a atribuição de cuidar e cultivar a terra[159]. Mesmo antes da queda, Adão tinha que trabalhar a terra para colher o seu alimento. Deus não deu nada de graça para que Adão e Eva usufruem. Eles precisaram aprender a arar a terra, esperar pelo tempo certo para colher do seu fruto. Se Adão antes da queda tinha que trabalhar para colher o fruto do seu trabalho, o que nos faz pensar que Deus nos dará algo sem que "coloquemos

159 Gênesis 2:15

a mão na massa"? Não espere obter colheita sem esforço, mesmo que seja com muito suor.

Precisamos usar a inteligência que Deus nos deu para multiplicar aquilo que está em nossas mãos. Temos que ir para o campo de batalha, enfrentar as nossas dificuldades, romper barreiras que ainda não conhecemos. Se você deseja ser um Gerente, você precisa se capacitar para tal função. Precisa estudar sobre desenvolvimento de pessoas, habilidades de gerenciamento e muitas outras habilidades que serão adquiridas somente se você as buscar. Você não vai adquirir nada ficando sentado no sofá assistindo a séries de TV, gastando horas e horas nas redes sociais com informações inúteis e sem valor algum. É necessário abdicar do conforto imediato para poder usufruir de tempo de qualidade no futuro. O problema é que existem muitas pessoas que querem viver uma vida sem esforço algum, jogando seu tempo fora, e esperar obter uma vida tranquila no futuro sem precisar se esforçar para cultivar a terra hoje.

Todas as manhãs temos a chance de decidir fazer algo extraordinário ou continuar a levar uma vida medíocre. Diariamente, Deus nos dá 84.600 segundos para gerenciarmos e toda noite o saldo é desperdiçado como perda. Não podemos acumular o saldo para o dia seguinte, pois o relógio é zerado e a conta é reiniciada. Podemos decidir acordar 1 hora mais cedo para estudar uma nova língua, meditar na palavra de Deus (pois no dia a dia pode ser difícil conseguir parar para fazer isso), ou seja, usar o tempo sabiamente ou podemos desperdiçá-lo com coisas sem valor. Um dia a conta vai chegar e é você e sua família quem vai pagá-la. Na eternidade seremos cobrados por Deus do que fizemos com os talentos (Entendemos por talentos todo o bem valioso que Deus nos deu: recursos financeiros, tempo, esposa, filhos, trabalho.) Fa Podemos guardá-los ou multiplicá-los.

Antes de passar para o próximo capítulo, faça uma avaliação pessoal da maneira como você usa o seu tempo e no que você tem dado prioridade. Responda sinceramente às perguntas abaixo e depois decida como você vai fazer para mudar radicalmente sua vida e usufruir com sua família no futuro.

Se você precisar ir a algum lugar que sabe que vai demorar um pouco (como o banco, por exemplo), o que você faz nesse tempo de espera? Aproveita para olhar as redes sociais ou leva um livro sobre desenvolvimento pessoal para ler?

Se você tiver independência financeira um dia, quanto tempo por dia você se dedica para estudar sobre psicologia do dinheiro, hábitos de milionários, investimento? Ou prefere estar mais por dentro do seu time de futebol do que como se relacionar com o dinheiro?

Se você deseja ter filhos exemplares, formar homens e mulheres referenciais, quanto tempo por dia você estuda sobre educação de filhos e se analisa sobre o pai que você é?

DIA 25

ACUMULE RIQUEZAS

O dinheiro ganho com desonestidade diminuirá, mas quem o ajunta aos poucos terá cada vez mais.

Provérbios 13:11

Quem nunca desejou algum dia acordar milionário, como se alguém tivesse depositado um dinheiro em sua conta, ou ter ganhado uma causa na justiça que nem sabia que poderia ganhar ou até mesmo uma "bênção" de Deus? Responda com sinceridade: não seria ótimo ganhar muito dinheiro sem haver esforço algum de nossa parte? Salomão começa este versículo abordando o grande mal que sobrevêm para aqueles que acumulam riqueza de forma desonesta, conforme Jeremias 17:11 que diz: "O homem que obtém riquezas por meios injustos é como a perdiz que choca ovos que não pôs. Quando a metade da sua vida tiver passado, elas o abandonarão, e, no final, ele se revelará um tolo". Ou seja, um dia a verdade se revelará e tudo o que foi acumulado se perderá.

No capítulo anterior abordamos sobre querer obter benefícios futuros sem esforço no presente. Entretanto, outro grande problema atual é acreditar que podemos aumentar nosso lucro, receita ou ganho dando aquele "jeitinho". Um dos segredos do sucesso financeiro que Salomão mostra no versículo 11 é justamente o contrário: ter persistência ao acumular riqueza e é louvável acumular riqueza! Sim, não há nada de errado em querer ser rico, desde que seus esforços não se limitem a isso e o dinheiro não ocupe o lugar de Deus em seu coração. E é exatamente sob este aspecto que falaremos neste capítulo.

A primeira mentira que precisamos desassociar em nossa cultura cristã é que o cristão pode viver uma vida simples (poucos recursos financeiros ou com recursos financeiros limitados) e que isso é sinônimo de espiritualidade! Que uma pessoa rica só conseguiu acumular riqueza porque sonegou imposto, deu a perna em alguém ou se aproveitou de alguma situação que o favorece e até mesmo que só é rico por seus pais serem ricos. Alguns até citam erroneamente a passagem de Mateus 8:20 que diz "[...] mas o Filho do homem não tem onde repousar a cabeça", como justificativa de que até mesmo Jesus tinha recursos limitados! Que ignorância! A Bíblia mostra que é perfeitamente louvável ter uma vida abundante financeiramente falando, que ser rico e acumular riquezas "é de Deus" e Ele espera que façamos isso. Existem muitas outras mentiras que nos contaram sobre finanças e dinheiro que precisamos esclarecer antes mesmo de começar a falar sobre acumulação de riqueza, ou seja, precisamos entender a raiz do porquê algumas pessoas não conseguirem acumular riqueza, mesmo ganhando muito dinheiro, para realizarmos uma mudança de crença e assim estarmos aptos a acumular, caso contrário estas crenças podem impedi-lo de ter uma vida próspera financeiramente falando.

O QUE SÃO CRENÇAS?

Todos nós fomos criados para seguirmos padrões, e isso é ótimo. Quando uma criança nasce, a única referência que eles possuem são os pais. Elas, literalmente, copiam tudo o que os pais fazem, como se comportam e sua forma de lidar em cada situação. A maneira como eu trato minha esposa é um exemplo de como meu filho vai aprender a tratar a sua futura esposa. Para quem tem filha, a maneira como eu trato minha esposa mostra-lhe o tipo de homem que ela vai desejar se casar, ou não. Isso pode ser algo bom ou ruim.

O mesmo exemplo vale para como lido com o dinheiro. Como os pais lidam com o dinheiro e a maneira como vivem financeiramente vai criar um padrão de comportamento e mentalidade sobre finanças na mente da criança, em que seus padrões de vida, ou crenças, estão sendo formados. E isso acontece até os 7 anos. Deixe-me fazer algumas perguntas:

— O que você faz quando recebe o salário do mês? Já gasta tudo e depois se lembra de dar o dízimo e oferta, ou prioriza por ter uma vida de gratidão a Deus devolvendo o dízimo a Ele e ofertando com alegria?

— Como é a sua vida financeira? Luta para sobrar poucas migalhas para usufruir de algum benefício no final do mês, se sobrar, ou possuem segurança financeira e uma vida bem planejada para oferecer conforto para sua família?

— O que os seus pais diziam para você, quando era criança, quando queria um brinquedo? Que eles não tinham dinheiro e existem outras coisas mais importantes do que um brinquedo?

Essas simples perguntas somadas ao longo de anos formam um padrão de mentalidade sobre finanças que vai repercutir em toda a nossa vida, e na vida dos seus filhos. Esta mentalidade, geralmente, se constrói em forma de mentiras que ouvimos ou presenciamos durante nossa infância e até toda a nossa vida que nos impedem de prosperar financeiramente. O que eu quero dizer é que a maneira como pensamos sobre algo, no nosso caso dinheiro, determina como vou agir em relação ao dinheiro. Só ficamos ricos se realmente acreditarmos que ser rico é bom e isso tem algum benefício. Não ficamos ricos porque algo em nós diz que ser rico é ruim! O que você pensa determina a sua ação e essas ações são inconscientes, são processos automatizados criados em nossa mente durante o processo de formação de nosso caráter e crenças que vão determinar como vou agir em relação a tudo em nossa vida.

A seguir, trataremos algumas mentiras sobre dinheiro e riqueza e como podemos desbloquear nossa mentalidade para libertar-nos delas e sermos livres para acumular riquezas.

1. DINHEIRO É A RAIZ DE TODOS OS MALES

Há um equívoco na interpretação da passagem que diz *"o amor ao dinheiro é a raiz de todos os males"*. Veja, aqui, o juízo de valor não está sobre o dinheiro, está sobre a atitude que a pessoa tem em relação ao dinheiro. O dinheiro não é mau, ele proporciona conforto e segurança. Quando esta crença está enraizado em nós, ele cria uma espécie de bloqueio em nossa mente impedindo-nos de acumular dinheiro, pois afinal, *"o dinheiro vai me causar algum mal"*, como me levar para longe da presença de Deus ou me tornar um homem avarento! Esta crença é uma distorção do versículo que está em 1 Timóteo 6:17, que diz: "Ordene aos que são ricos no presente mundo que não sejam arrogantes, nem ponham sua esperança na incerteza da riqueza, mas em Deus, que de tudo nos provê ricamente, para a nossa satisfação". Algumas pessoas, por cobiçarem o dinheiro, desviaram-se da fé e se atormentaram a si mesmas com muitos sofrimentos. O problema não está no dinheiro, mas no sentimento que trazemos em relação a ele, neste caso o amor ao dinheiro. A raiz de todo o mal está em amar o dinheiro, ter mais estima por ele, do que a Deus, colocar o dinheiro (ou acumular riqueza) acima de Deus. Quando valorizamos mais o dinheiro do que a Deus (e, consequentemente, a Sua palavra), a cobiça e outros males entram em nosso coração a ponto de nos fazer desviar da fé.

A primeira mentira nesta crença é atribuir o mal ao dinheiro ou à riqueza. Mateus 15:19 diz: "Pois do coração saem os maus pensamentos...", o que significa que o mal procede no coração do homem e a atribuição do mal ao dinheiro é dada pelo homem e não ao próprio dinheiro. As riquezas são provenientes de Deus para que o homem possa se sustentar, trazer conforto para sua família e ajudar aqueles que passam por necessidades. Ageu 2:8 diz que "Tanto a prata quanto o ouro me pertencem", declara o Senhor dos Exércitos". O que Deus quer dizer neste versículo é que o dinheiro foi criado por Ele. Um dos principais benefícios de ter dinheiro é poder ajudar aqueles que necessitam. Salmos 37:21 diz: "O ímpio toma emprestado e não paga; mas o justo se compadece e dá". Quando temos dinheiro, podemos ajudar o próximo sem que isso nos prejudique financeiramente. O homem rico também pode alimentar e sustentar outras famílias. Observe o que Eclesiastes 5:11 diz: "Onde a fazenda se multiplica, aí se multiplicam também os que a comem; que mais proveito, pois, têm os seus donos do que a verem com os seus olhos?". Eclesiastes 5:19 também está escrito: "E quanto ao homem, a quem Deus deu riquezas e fazenda e lhe deu poder para delas comer, e tomar a sua porção, e gozar do seu trabalho, isso é dom de Deus".

2. SÓ É RICO QUEM NASCEU RICO

Segundo o relatório da *Billionaire Census*[160] de 2019 publicado pelo banco suíço UBS e pela consultoria especializada em alta renda Wealth-X, há 3.204 bilionários no mundo e que mostra que a maioria deles construíram suas riquezas do zero. Ou seja, a maioria saiu da pobreza ou da classe média para a fortuna por conta própria. Isso significa que, se outra pessoa conseguiu, você também pode conseguir.

Talvez você nunca tenha pensado em algum dia se tornar rico, mas pondere a situação hipotética: se você morrer neste exato momento, como sua esposa e filhos ficariam? Que cobertura financeira eles teriam? Será que a sua esposa precisaria imediatamente arrumar um emprego, colocar seus filhos em tempo integral na escola privando-a de manter o vínculo afetivo com eles?

Precisamos, como homens de família (ou futuros homens de família), pensar na possibilidade de termos dinheiro visando prover segurança e proteção financeira sem eles (sua esposa e filhos) necessitarem "sangrar" para obterem o mínimo necessário para sobreviver. Se alguém tem que sangrar, que sejamos nós!

3. DINHEIRO NÃO TRAZ FELICIDADE

Certamente que dinheiro não traz felicidade, mas como diz Tiago Brunet *"A falta de dinheiro traz uma tristeza danada!"*. Tive a infelicidade de passar mais de 1 ano sem nenhuma receita, quando fui demitido de um cargo que ocupava, onde eu e minha família sentimos "na pele" o que a falta de dinheiro pode fazer, principalmente na integridade de um homem que possui o instinto de ser provedor e como as consequências que a limitação de

160 https://go.wealthx.com/2021-billionaire-census, Acessado em 18/06/2022

recursos pode ocasionar. Graças a Deus que, neste tempo, não ficamos doentes e a reserva financeira que tínhamos nos sustentou durante o período de escassez.

Aprendi que o dinheiro traz consigo diversos benefícios e oportunidades e, consequentemente, traz segurança e felicidade como, por exemplo:

— Possibilita a ter boa saúde, acesso a alimentos mais saudáveis, melhora atendimentos e tratamento médico;

— Mantém o relacionamento conjugal saudável e sólido. Problemas financeiros é um dos principais fatores de divórcio no mundo, atrás apenas da infidelidade. A questão não é comprar o amor do cônjuge com dinheiro, mas as limitações e o estresse que a família passa pela falta do dinheiro.

— Permite que seus filhos tenham melhor qualidade de vida, acesso a conteúdo de melhor qualidade e mantém a autoestima deles em alta.

— Possibilita que você seja livre para ter o estilo de vida que deseja, morar onde quiser sem precisar se submeter a um determinado ambiente simplesmente pelo fato de não ter condições financeiras para morar em um lugar melhor.

— Permite que você faça o que realmente gosta e seja livre para escolher que trabalho deseja.

— Proporciona tempo para fazer as coisas que sempre desejou, sem que isso roube de você o tempo que precisaria para se qualificar ou até o tempo em família.

Você concorda comigo que isso não o faria mais feliz?

4. OS RICOS CHEGARAM ONDE ESTÃO PORQUE FIZERAM ALGO ERRADO

Infelizmente existem aqueles que acumulam riquezas de forma ilícita e não podemos negar esse fato. Entretanto, a Bíblia diz que a riqueza acumulada com desonestidade diminuirá[161]. De que adianta ganhar rios de dinheiro sem ter paz para desfrutá-lo com a certeza de que um dia perderá tudo? Como abordei anteriormente, a maioria dos bilionários se tornaram simplesmente do zero! Existe um motivo pelo qual os homens ricos são realmente ricos e isso não está relacionado com ganância (no sentido ruim da palavra), ou, porque desejam estar acima das pessoas, mas eles possuem uma missão e um propósito de vida.

O que deve nos motivar a acumular riqueza em nossa vida é a possibilidade de prover proteção e segurança para nossa família. Nossa segurança não deve estar no dinheiro, mas em Deus, porém o dinheiro também traz segurança para nossa família e para nós mesmos. Olha o que diz Eclesiastes 7:12: "**A sabedoria oferece proteção, como o faz o dinheiro**..." (ênfase minha). Não achou impressionante esta passagem? Em toda a minha vida cristã, nunca ouvi nenhuma mensagem que abordasse a relação de dinheiro e segurança. O que Deus deseja nos mostrar é que, aquele que possui riqueza traz segurança para que sua família esteja protegida das crises financeiras, das flutuações do mercado, protegem seus filhos de passagem por angústia de não ter condições de frequentar uma escola decente, e a lista continua.

A vida de José do Egito é um excelente exemplo de como o dinheiro traz segurança e proteção. Já abordamos diversos exemplos da vida de José, porém vamos analisar agora o benefício que o seu sucesso trouxe para sua vida, sua família e para todo o povo do Egito

161 Provérbios 13:11

e Israel. José do Egito foi vendido como escravo pelos seus irmãos, que, na verdade, queriam matá-lo. Ele nunca almejou estar em posição elevada e, também ser poderoso como foi, mas seu caráter e diligência com tudo o que ele fazia o tornou um dos homens mais poderosos do Egito. A sabedoria que Deus lhe deu para acumular riqueza trouxe livramento da morte do povo judeu e, também para sua família. Graças ao acúmulo de mantimento, que fez com que o Egito se tornasse mais rico e poderoso do que já era, todo o povo do Egito, que poderia ter morrido pela grande fome que assolou aquela terra por 7 anos, se manteve vivo comprando mantimento para suas famílias. Não foi somente o povo do Egito que se beneficiou com a sabedoria e riqueza que Faraó possuía, mas os irmãos de José e seu pai. Foi necessário que José estivesse na mais alta posição do Egito para que sua família não morresse, caso contrário, seu pai e seus irmãos certamente morreriam. O que aprendemos com a vida de José é que momentos de crise certamente virão e somente aqueles que estiveram preparados sobreviverão.

5. SÓ ACUMULA DINHEIRO QUEM TEM DINHEIRO EM ABUNDÂNCIA

Se você pensa que é preciso ter muito dinheiro para acumular dinheiro, está totalmente errado, e certamente nunca vai conseguir acumular nada. O versículo que estamos estudando neste capítulo diz totalmente o oposto. O que Deus nos mostra é que a riqueza vem com os poucos que vamos acumulando e nos ensina que precisamos criar o hábito de acumular dinheiro. Se você espera ter dinheiro sobrando para investir ou juntar (seja para aposentadoria, uma viagem, trocar de carro), certamente este dia não chegará tão cedo, pois imprevistos sempre aparecem, mas se acumular gradualmente (mesmo que a quantia seja quase insignificante para você), você cria o hábito de acumular, verá seu dinheiro crescer continuamente e com o tempo você perceberá ser possível enriquecer mesmo com a renda que você possui hoje. Se você analisar detalhadamente para onde seus gastos estão indo (utilizando uma planilha ou software de controle de gastos), verá ser possível cortar algumas despesas desnecessárias e ajustar outras para ser possível acumular dinheiro.

Ao longo dos anos aprendi que homens ricos possuem um propósito de vida muito maior do que enriquecerem. Alguns desejam deixar um legado de vida para sua família, outros desejam dar estabilidade e segurança para suas famílias e ainda tem aqueles que querem que seus negócios sejam continuados pelos seus filhos e esta herança seja passada pelas gerações.

6. SER RICO VAI TORNAR-ME MENOS ESPIRITUAL

A única maneira pela qual o dinheiro o tornaria menos espiritual e te afastaria totalmente da presença de Deus, é quando a importância e a sede por se tornar rico é maior que o desejo de estar na presença de Deus. Quando o dinheiro está no lugar mais alto do que Deus, isso rouba de nós a capacidade de estar mais perto do criador de toda a riqueza e nos afasta dele, e a Bíblia chama isso de idolatria. É exatamente o que diz em 1 Timóteo 6:17: "Ordene aos que são ricos no presente mundo que não sejam arrogantes, nem ponham sua esperança na incerteza da riqueza, mas em Deus, que de tudo nos provê ricamente, para a nossa satisfação". A nossa segurança e o nosso coração deve estar no criador de toda a riqueza e não na riqueza: ela é finita, mas os recursos de Deus são infinitos. Observe o que diz 1 Timóteo 6:9-10: "Os que querem ficar ricos caem em tentação, em armadilhas e em muitos desejos descontrolados e nocivos, que levam os homens a mergulharem na ruína e na destruição, pois o amor ao dinheiro é a raiz de todos os males. Algumas pessoas, por cobiçarem o dinheiro, desviaram-se da fé e se atormentaram com muitos sofrimentos". Umas das grandes ciladas dos homens tomados pela cobiça de se tornarem ricos é o poder que o dinheiro traz e é aí que o perigo está. Não há nada de errado em se tornar rico, o problema está em dar amar o dinheiro mais do que amar a Deus. Quando o coração do homem está mais focado em se tornar rico, a cobiça e outros pecados tomam o coração do homem a ponto de se desviar da fé e, consequentemente, traz desgraça para sua vida e sua família.

Uma das grandes vantagens de ser rico é poder ajudar o próximo. Não é necessário ser cristão para entender isso. Bill Gates e Warren Buffett, alguns dos homens mais ricos do mundo criaram um projeto chamado *Giving Pledge* (Compromisso de Doação), cujo propósito é convencer bilionários a doar mais da metade de suas riquezas, seja em vida ou após a morte. Dá para imaginar quantas vidas serão abençoadas por estas doações?

COMO MUDAR DE MENTALIDADE E ACUMULAR HOJE PARA TER MAIS NO FUTURO?

O primeiro passo, e o mais poderoso, é simplesmente decidir mudar. A simples decisão de mudar já mexe com suas estruturas internas e com sua mente para sair da zona de conforto. É tão poderosa que você vai ficar incomodado como você está se comportando e os tipos de pensamentos (ou crenças limitantes) que você tem sobre dinheiro. Este novo desejo deve arder em seu coração, da mesma maneira quando nos convertemos, desejamos mudar de vida e entregá-la para Jesus. Ninguém se converte sem desejar uma mudança real em sua vida.

O segundo passo é listar todas as crenças limitantes a respeito de dinheiro que você identificou. Pode ser que você precise se concentrar no seu passado, como foi a sua criação, tudo o que você viu e ouviu a respeito de dinheiro enquanto era criança, como seus pais lidavam com o dinheiro e como situações inesperadas, até mesmo com a perda e escassez que você tenha presenciado. Você não vai a lugar algum se não souber onde exatamente se encontra. Saber exatamente o que te impede de avançar lhe dá clareza do que você realmente precisa ficar para trazer mudanças em sua vida.

O terceiro passo é fazer a substituição das crenças limitantes por crenças fortalecedoras. Digamos que você tenha a seguinte crença limitante: "É impossível ficar rico neste país com tanto imposto que preciso pagar!". Quando constantemente repetimos ou mentalizamos este pensamento, dizemos para nosso cérebro que é impossível ficar rico, criamos fortalezas que nos impedem de pensar em qualquer forma de ficar rico. Toda vez que alguma ideia surgir para criar um negócio, rapidamente seu cérebro vai lembrar dos longos juros que o governo vai "comer" parte o seu lucro. Entretanto, ao substituir a crença limitante por uma crença fortalecedora, invertemos totalmente o jogo. Que tal pensarmos da seguinte maneira: "Vou ficar rico, independente de quanto imposto precise pagar". Quando esta forma de pensar começa a tomar conta do nosso dia a dia, estamos mandando a seguinte mensagem: "Cérebro, procure alternativas para eu ganhar tanto dinheiro que os impostos que eu vou pagar não façam diferença no resultado dos meus negócios". Observe a diferença: a crença limitante impede você de dar o próximo passo para mudar de vida, já a crença fortalecedora vai te ajudar a constantemente criar alternativas e ideias para alcançar seus objetivos, sendo apenas uma questão de tempo para alcançá-la.

Agora cabe a você decidir que tipo de mentalidade vai governar sua vida financeira.

DIA 26

O PODER DAS PALAVRAS

A boca do justo é fonte de vida, mas a boca dos ímpios abriga a violência

Provérbios 10:11

Suas palavras têm poder de trazer vida, transformação, ânimo, força, bênção e, na mesma proporção, destruição, desânimo, enfraquecimento e maldição para outras pessoas e até mesmo para você. A própria palavra em Tiago 3:10 nos exorta a não nos comportamos desta maneira. Em Provérbios 18:21 também diz "O que você diz pode salvar ou destruir uma vida; portanto, **use bem as suas palavras** e você será recompensado" (ênfase minha). Ou usamos nossa boca para declarar vida ou a usamos para declarar maldição. Você possui o poder de transformar a vida de outras pessoas com apenas algumas palavras. As nossas palavras dizem muito do que estamos realmente cheios. Pecamos pelo que está em nosso coração e as palavras proferidas refletem apenas do que ele está cheio[162]. Minha pergunta para você é: Que tipo de palavra tem saído da sua boca?

162 Mateus 15:18

Vimos que da mesma boca procede palavras de bênção ou maldição e que também a palavra nos exorta que não devemos ser o tipo de homem de duas faces. As palavras que proferimos tem o poder para impulsionar ou destruir (a nós e a outras pessoas). Se você é pai, suas palavras são como combustível para impulsionar um foguete para chegar até o espaço, ou para destruí-lo e não o deixar nem sair do chão. O foguete é a vida de nossos filhos, o piloto são nossos filhos, o combustível são nossas palavras que moldam a identidade e o destino deles é formado e moldado ao longo dos anos. Quem define a quantidade de combustível a ser usada em um foguete são os especialistas, pois precisam calcular com muita precisão a quantidade e suas características. Qualquer falha na medida e nos componentes químicos poderá destruir o foguete e, consequentemente, a vida do piloto. A palavra bênção, que no hebraico é Baruch, significa "Autorizar para prosperar". A palavra prosperar, no hebraico, significa "ter uma agradável viagem". Podemos concluir que os pais têm o poder de autorizar o filho a ter uma viagem agradável (ter uma vida agradável, abundante, de bênção), ou seja, de serem prósperos em seus relacionamentos familiares, casamento, negócios, estudos, etc. Palavras de bênção geralmente tem duas vertentes:

a) Confirmar sua verdadeira identidade (sexo, masculinidade, feminilidade);

b) Direcionar seu futuro

Já a palavra de maldição possui o poder de:

a) Distorcer a identidade, caráter e autoimagem da criança;

b) Desviar o curso da sua vida, que deveria ter sido direcionada para prosperar e não fracassar;

c) Roubar a herança da verdadeira identidade dos filhos que deve ser transmitida pelos pais.

Vejamos uma ilustração de palavra de maldição:

Certo dia um menino tinha acabado de chegar em casa com o boletim da escola. Ela precisava apresentar aos seus pais e eles precisavam assiná-lo. Ao apresentar o boletim, o pai analisou atentamente cada uma das notas. De repente ele saltou da cadeira e gritou:

— Um "C"! Como você pode ter tirado essa nota logo em Biologia? Você não faz mais nada além de estudar.

O menino ficou calado sem saber o que responder enquanto o pai continuou.

— Qualquer pessoa poderia ter tirado uma nota melhor. Aposto que esta deve ter sido a pior nota da turma. Você sabia que trabalho muito para pagar a melhor escola e você gasta o meu tempo para me mostrar isso? Se você continuar assim vai acabar pedindo esmola nas ruas, não vai conseguir um bom emprego

O que este pai acabou de fazer? Ele destruiu sua identidade, chamando-o de burro e incompetente. Destruiu seu destino falando que ele estaria fadado ao fracasso, ameaçando-a que poderia viver debaixo de uma ponte. Destruiu sua imagem, trazendo vergonha para ele quando a comparou com os outros amiguinhos da turma. Ele simplesmente trouxe morte para o filho Se você é pai (ou pretende ter filho em breve) vou compartilhar um exercício bem simples que vai impactar significativamente a vida dos seus filhos para sempre. Diariamente, faça declarações positivas sobre seu caráter, temperamento, vida espiritual e profissional. Segue um exemplo:

— Filho, você é um menino especial. Você foi planejado por mim e sua mãe. Como nos alegramos quando soubemos que você viria, mesmo dentro da barriga da sua mãe. Nós declaramos que você é um homem de excelência. Você já é um homem bem-sucedido nos negócios, nos estudos, no seu casamento. Você será um médico e empresário (declare aqui a futura profissão dele) de sucesso. Será o melhor do país. Você é tão inteligente que as pessoas virão pedir conselhos para você. Seu caráter é inabalável e inegociável. Ninguém vai tirar o valor inestimável que você tem. Seus filhos e netos também serão bem-sucedidos, pois aprenderão com você como ser um homem de sucesso.

Existem dois pontos importantes que abordei na declaração acima:

1) A transmissão e a certeza do seu caráter como homem e do seu valor. Quando quaisquer pessoas o chamarem de "burro, idiota, mariquinha", ele simplesmente vai ignorar, pois estará tão certo de quem ele realmente é e do seu real valor que qualquer coisa que disserem a seu respeito, ele vai recusar. Ele não será abalado.
2) Está sendo declarado o seu destino. Não precisa ser exatamente um médico, mas o importante é a declaração de uma profissão e de um futuro próspero e de um homem de sucesso. Ele não vai ter que chegar aos 30 anos para descobrir que seguiu uma profissão errada ou até mesmo que está no caminho errado. Ele vai crescer direcionado para o sucesso e não vai aceitar nada diferente disse. Vai crescer com uma mentalidade vitoriosa.

Você consegue imaginar uma criança que cresce diariamente ouvindo declarações como esta? Serão dias, anos, décadas!

E como está o seu casamento? Se o seu casamento não está da maneira que você gostaria, convido-o a analisar o que você tem proferido para sua esposa, sobre a sua esposa e sobre o seu casamento. Faça este exercício e comece uma transformação no seu casamento.

Se desejamos sermos homens semelhantes a Jesus Cristo, precisamos aprender com Ele. Em 1 Pedro 2:22 mostra que "nenhum engano foi encontrado em sua boca". Suas palavras refletiam o que havia em seu interior e Ele andava conforme sua própria palavra. Quando nossas ações distorcem do que falamos, estamos longe de sermos chamados servos de Cristo e semelhantes a Ele. Eu sei, isso é duro, mas é a pura verdade! Jesus precisava viver uma vida reta e justa para ser o exemplo a ser seguido. Sendo assim, você também precisa viver uma vida reta para ser o exemplo para seus filhos e as próximas gerações.

A palavra em Provérbios 10:21 é clara quando diz que a boca do justo é fonte de vida. Se nossa boca não está sendo fonte de vida, não podemos ser considerados justos, pois somos justos mediante à justificação de Cristo Jesus em sua obra na cruz. Efésios 4:29 diz: "Nenhuma palavra torpe saia da boca de vocês, mas apenas o que for útil para edificar os outros, para que conceda graça aos que a ouvem". Lembre-se de Provérbios 18:21 mencionado no início deste estudo: "use bem as suas palavras e você será recompensado". A recompensa virá, independentemente se a palavra proferida é de vida ou de morte. Certamente ela virá.

DIA 27

SEJA JUSTO

O homem justo leva uma vida íntegra;
como são felizes os seus filhos!

Provérbios 20:7

A maior influência que todo homem pode exercer sobre seus filhos é viver em retidão. A maneira como você vive vai dizer mais do que suas palavras. Uma criança aprende com o que ela vê em casa. Um filho homem aprende a cuidar e respeitar uma mulher ao observar seu pai amando e respeitando sua esposa. Uma filha mulher aprende a ser valorizada por um homem quando presencia seu pai honrando e valorizando sua esposa. Edwin Louis Cole disse: "o maior favor que você faz para seus filhos é amando sua esposa". A maneira como nossos filhos vão lidar com as dificuldades e provações da vida é reflexo da maneira como nós vamos passar por elas, ou se render e desistir. Filhos de homens piedosos crescem mais sábios e são mais abençoados, pois este é o curso natural das coisas. Sua vida é reflexo das suas atitudes e não das suas palavras.

Você pode acreditar que essa é uma tarefa impossível apenas se você imaginar a acepção do termo com perfeição ou sem pecado. Desta forma, sim, é impossível, pois como um homem que peca pode ser considerado 100% íntegro? Alguns cristãos afirmam serem pessoas justas e confiam em seu próprio "taco"[163] e, assim, fazem o que é contrário à palavra de Deus, nada do que ele fez de bom será lembrado[164]. Em Romanos 3:23 está escrito que todos pecamos e estamos destituídos da graça de Deus, porém é através de Jesus que nos tornamos "justos" (justificados), um ato exclusivamente de Jesus em nós[165]. Um homem justo luta e se esforça para ser íntegro e essa integridade se baseia nas premissas do Reino de Deus, como fez Davi quando decidiu não matar Saul quando teve a oportunidade. Ao seguir Jesus, ele está no caminho de parecer com Jesus[166], porém a grande diferença é que Jesus sim era perfeito, mas um homem justo está sempre em busca da perfeição. São suas atitudes diárias que revelam sua integridade.

A Bíblia está repleta de exemplos de homens justos que viveram nesta terra. Noé era um homem justo e, devido ao seu caráter e sua integridade, ele e toda a sua família foram salvos do dilúvio[167]. Davi foi um homem justo quando decidiu não matar Saul, mesmo quando teve oportunidade e Saul declarou: "O Senhor o recompense com o bem, pelo modo como você me tratou hoje."[168]. Finéias (Neto de Arão) que, por causa do seu caráter fez com que a ira de Deus se desviasse de Israel, Deus fez aliança de paz com ele e não foi morto[169]. Jó foi descrito na Bíblia como

---

163 Eclesiastes 7:16, 20

164 Ezequiel 33:13; 18:24-26

165 João 14:6

166 1 Coríntios 11:1

167 Gênesis 6:9; 7:1

168 1 Samuel 24

169 Números 25:11-13

um homem íntegro[170] e sua integridade incluiu até sacrifícios por seus filhos após as festas de aniversário, conforme Jó 1:5 diz: "Sucedia, pois, que, decorrido o turno de dias de seus banquetes, enviava Jó, e os santificava, e se levantava de madrugada, e oferecia holocaustos segundo o número de todos eles; porque dizia Jó: Porventura pecaram meus filhos, e amaldiçoaram a Deus no seu coração. Assim fazia Jó continuamente." Jonadabe teve sua autoridade respeitada pelos seus filhos quando lhes ordenou que não bebessem vinho e esta ordem tem sido respeitada e como recompensa recebe a promessa de uma descendência piedosa[171].

Abaixo separei diversas características de um homem justo e quais promessas Deus separou para nós.

- Busca ao Senhor todos os dias de todo o coração e de toda a alma (Jeremias 29:13)
- É íntegro diante de Deus e dos homens (2 Samuel 22:24 e Salmos 18:23)
- Confessa seu pecado e busca por cura (Romanos 10:10 e Tiago 5:16)
- Não negocia seus princípios e valores (2 Coríntios 2:17)
- Possui temor pela palavra de Deus (Provérbios 1:7)
- Não tem uma opinião elevada sobre si mesmo (Isaías 16:6)
- Examina seu coração e o coloca diante de Deus (Salmos 26:2 e 1 Coríntios 11:28, 31)
- Respeita as autoridades e é respeitado (Mateus 22:21 e Provérbios 31:23)
- É pacificador (Lucas 6:27-36)

---

170 Jó 1:1

171 Jeremias 35:15-19

- Não deixa dívidas para seus filhos ou netos, mas deixa herança para eles (Provérbios 22:26 e Provérbios 13:22)
- Se desvia do mal (Jó 1:8)
- Honra os pais (Efésios 6:1)
- Fala com sabedoria, justiça e suas palavras são fonte de vida (Salmos 37:30, Provérbios 10:11)
- Ofertam com generosidade (Salmos 37:21)
- Odeiam mentiras (Provérbios 13:5)
- Obedece às ordens de Deus e cumprem o que promete (Salmos 119:106, Romanos 2:13)
- Faz o que é justo e correto (Provérbios 21:3)
- Sua segurança está em Deus e não em homens, bens, riquezas e outras coisas (Provérbios 18:10)
- Pensa antes de responder (Provérbios 15:28)
- Leva em conta o direito dos pobres (Provérbios 29:7)
- Doa o que tem sem reter (Provérbios 21:26)
- Sabe o que é próprio para falar (Provérbios 10:32)
- Mantém o seu caminho (vida) em ordem (Provérbios 21:29)
- São corajosos (Provérbios 28:1)
- Vive pela fé (Hebreus 10:38, Gálatas 3:11, Romanos 1:17)
- Não justifica quem não é justo (Provérbios 24:24)
- Cuida bem do seu rebanho (Provérbios 12:10)
- Não aceita suborno (Êxodo 23:8)
- Sem mantém firmes no caminho e nas promessas de Deus (Jó 17:9)
- Não peca quando é advertido com relação ao seu erro (Ezequiel 3:21)

Depois desta extensa lista de qualidades de um homem justo, talvez você esteja se sentindo um pouco desencorajado e desacreditado que um dia consiga ter todas ou algumas dessas qualidades, mas Deus também deixa em Sua palavra muitas promessas para nos incentivar a atingir o máximo de nosso potencial como homens. Segue algumas delas:

- O justo é salvo das tribulações, e estas são transferidas para o ímpio (Provérbios 11:8)
- A prosperidade é a recompensa do justo (Provérbios 13:21)
- O justo é livre pela sua justiça (Provérbios 11:6)
- Habitarão a terra (Provérbios 2:21)
- Não será abalado e será lembrado (Salmos 112:6)
- Será guiado pela sua integridade. (Provérbios 11:3)
- O desejo dos justos resulta em bem; a esperança dos ímpios, em ira. (Provérbios 11:23)
- Seus caminhos (vida) serão guardados e protegidos. (Provérbios 2:8)
- A luz dos justos resplandece esplendidamente, mas a lâmpada dos ímpios apaga-se. (Provérbios 13:9)
- Promessa da vida eterna. (Mateus 25:46)
- O justo come até satisfazer o apetite, mas os ímpios permanecem famintos. (Provérbios 13:25)
- Os planos dos justos são retos, mas o conselho dos ímpios é enganoso. (Provérbios 12:5)
- O Senhor está longe dos ímpios, mas ouve a oração dos justos. (Provérbios 15:29)
- O Senhor detesta o sacrifício dos ímpios, mas a oração do justo o agrada. (Provérbios 15:8)

- Considere o íntegro, observe o justo; há futuro para o homem de paz. (Salmos 37:37)
- A casa dos ímpios será destruída, mas a tenda dos justos florescerá. (Provérbios 14:11)
- Os justos clamam, o Senhor os ouve e os livra de todas as suas tribulações. (Salmos 34:17)
- Destruirei o poder de todos os ímpios, mas o poder dos justos aumentará. (Salmos 75:10)
- O justo passa por muitas adversidades, mas o Senhor o livra de todas. (Salmos 34:19)
- Os justos florescerão como a palmeira, crescerão como o cedro do Líbano. (Salmos 92:12)
- Os ímpios são derrubados e desaparecem, mas a casa dos justos permanece firme. (Provérbios 12:7);
- Os justos jamais serão desarraigados, mas os ímpios pouco duram na terra. (Provérbios 10:30)
- A boca do justo produz sabedoria, mas a língua perversa será extirpada. (Provérbios 10:31)
- As bênçãos coroam a cabeça dos justos, mas a boca dos ímpios abriga a violência. (Provérbios 10:6)
- Nenhum mal atingirá o justo, mas os ímpios estão cobertos de problemas. (Provérbios 12:21)
- O Senhor não deixa o justo passar fome, mas frustra a ambição dos ímpios. (Provérbios 10:3;
- Pois o Senhor aprova o caminho dos justos, mas o caminho dos ímpios leva à destruição! (Salmos 1:6)
- Pois Deus está presente no meio dos justos.(Salmos 14:5)
- Pela bênção dos justos a cidade é exaltada, mas pela boca dos ímpios é destruída. (Provérbios 11:11)

- As palavras dos justos dão sustento a muitos, mas os insensatos morrem por falta de juízo. (Provérbios 10:21)
- O caminho do preguiçoso é cheio de espinhos, mas o caminho do justo é uma estrada plana. (Provérbios 15:19)
- O Senhor dá vista aos cegos, o Senhor levanta os abatidos, o Senhor ama os justos. (Salmos 146:8)
- Os ímpios cobiçam o despojo tomado pelos maus, mas a raiz do justo floresce. (Provérbios 12:12)
- Quando os justos florescem, o povo se alegra; quando os ímpios governam, o povo geme. (Provérbios 29:2)
- Sejam eles tirados do livro da vida e não sejam incluídos no rol dos justos. (Salmos 69:28)
- Pois o braço forte dos ímpios será quebrado, mas o Senhor sustém os justos. (Salmos 37:17)
- O que o justo almeja redunda em alegria, mas as esperanças dos ímpios não dão em nada. (Provérbios 10:28)
- Com a boca o ímpio pretende destruir o próximo, mas pelo seu conhecimento o justo se livra. (Provérbios 11:9)
- Não tira os seus olhos do justo; ele o coloca nos tronos com os reis e o exalta para sempre. (Jó 36:7)
- As palavras dos ímpios são emboscadas mortais, mas quando os justos falam há livramento. (Provérbios 12:6)
- A casa do justo contém grande tesouro, mas os rendimentos dos ímpios lhes trazem inquietação. (Provérbios 15:6)
- A memória deixada pelos justos será uma bênção, mas o nome dos ímpios apodrecerá. (Provérbios 10:7)
- Os olhos do Senhor voltam-se para os justos e os seus ouvidos estão atentos ao seu grito de socorro. (Salmos 34:15)

- Ele reserva a sensatez para o justo; como um escudo protege quem anda com integridade. (Provérbios 2:7)
- A vereda do justo evita o mal; quem guarda o seu caminho preserva a sua vida. (Provérbios 16:17)
- O que o ímpio teme lhe acontecerá; o que os justos desejam lhes será concedido. (Provérbios 10:24)
- Passada a tempestade, o ímpio já não existe, mas o justo permanece firme para sempre. (Provérbios 10:25)
- O salário do justo lhe traz vida, mas a renda do ímpio lhe traz castigo. (Provérbios 10:16)
- Quando os justos prosperam, a cidade exulta; quando os ímpios perecem, há cantos de alegria. (Provérbios 11:10)
- Pois tu, Senhor, abençoas o justo; o teu favor o protege como um escudo. (Salmos 5:12)
- A maldição do Senhor está sobre a casa dos ímpios, mas ele abençoa o lar dos justos. (Provérbios 3:33)
- E, se um ímpio se desviar de sua maldade e fizer o que é justo e certo, viverá por assim proceder. (Ezequiel 33:19)
- Digam aos justos que tudo lhes irá bem, pois comerão do fruto de suas ações. (Isaías 3:10)
- Quando chega a calamidade, os ímpios são derrubados; os justos, porém, até em face da morte encontram refúgio. (Provérbios 14:32)
- Quem confia em suas riquezas certamente cairá, mas os justos florescerão como a folhagem verdejante. (Provérbios 11:28)
- Entregue suas preocupações ao Senhor, e ele o susterá; jamais permitirá que o justo venha a cair. (Salmos 55:22)

- Esteja certo de que os ímpios não ficarão sem castigo, mas os justos serão poupados. (Provérbios 11:21)
- Quando os ímpios sobem ao poder, o povo se esconde; mas, quando eles sucumbem, os justos florescem. (Provérbios 28:28)
- Então os justos brilharão como o sol no Reino do seu Pai. Aquele que tem ouvidos, ouça. (Mateus 13:43)
- A vereda do justo é como a luz da alvorada, que brilha cada vez mais até à plena claridade do dia. (Provérbios 4:18)
- Não está envolvido em falsas acusações (Êxodo 23:7)
- Quando os justos triunfam, há prosperidade geral, mas, quando os ímpios sobem ao poder, os homens tratam de esconder-se. (Provérbios 28:12)
- Ele deixará claro como a alvorada que você é justo, e como o sol do meio-dia que você é inocente. (Salmos 37:6)
- O ímpio está envaidecido; seus desejos não são bons; mas o justo viverá pela sua fidelidade. (Habacuque 2:4)
- Instrua o homem sábio, e ele será ainda mais sábio; ensine o homem justo, e ele aumentará o seu saber. (Provérbios 9:9)
- [...] pois ainda que o justo caia sete vezes, tornará a erguer-se, mas os ímpios são arrastados pela calamidade. (Provérbios 24:16)
- Já fui jovem e agora sou velho, mas nunca vi o justo desamparado, nem seus filhos mendigando pão. (Salmos 37:25)
- Então os homens comentarão: "De fato os justos têm a sua recompensa; com certeza há um Deus que faz justiça na terra". (Salmos 58:11)

- Portanto, confessem os seus pecados uns aos outros e orem uns pelos outros para serem curados. A oração de um justo é poderosa e eficaz. (Tiago 5:16)
- Ele age segundo os meus decretos e obedece fielmente às minhas leis. Aquele homem é justo; com certeza ele viverá, palavra do Soberano Senhor. (Ezequiel 18:9)
- Porque os olhos do Senhor estão sobre os justos e os seus ouvidos estão atentos à sua oração, mas o rosto do Senhor volta-se contra os que praticam o mal. (1 Pedro 3:12)
- Pois eu o escolhi, para que ordene aos seus filhos e aos seus descendentes que se conservem no caminho do Senhor, fazendo o que é justo e direito, para que o Senhor faça vir a Abraão o que lhe havia prometido. (Gênesis 18:19)
- Contudo, vocês perguntam: 'Por que o filho não partilha da culpa de seu pai?' Uma vez que o filho fez o que é justo e direito e teve o cuidado de guardar todos os meus decretos, com certeza ele viverá. (Ezequiel 18:19)

Estas são promessas maravilhosas que nenhum vendedor de seguro de vida pode oferecer. Será que ainda restam dúvidas dos benefícios de se viver uma vida justa? Seja um homem justo para que sua família seja beneficiada amanhã. A decisão é sua e ela começa hoje!

DIA 28

COMO VOCÊ QUER SER LEMBRADO?

A memória deixada pelos justos será uma bênção,
mas o nome dos ímpios apodrecerá.

Provérbios 10:7

Quando eu era criança, por volta dos 12 anos, lembro-me de algo que marcou a minha vida, mesmo que naquela época não tenha entendido o que se passou. Ele, que morava há aproximadamente 3.000 quilômetros de distância (quase 2 dias de viagem), veio passar um tempo em minha casa. Certo dia, ao entrar em meu quarto, eu o vi ajoelhado em minha cama. Eu não entendi o que estava acontecendo, mas eu não o atrapalhei. Ele estava orando por mim naquele momento e somente foi compreender isso anos mais tarde, quando eu já tinha me convertido ao cristianismo. Esta imagem nunca saiu da minha mente até hoje. Meu avô paterno foi um homem temente a Deus, ele era um exemplo de homem cristão na cidade onde morava. Mesmo com pouca instrução, ele deixou sua marca naquela cidade, construiu uma igreja com suas próprias mãos que depois ela foi queimada, mas voltou a construí-la novamente e ela existe até hoje. Ele foi um negociante e deixou uma grande casa, um nome na cidade.

Se você morrer hoje, que frase será colocada em seu epitáfio[172]? O que as pessoas vão dizer sobre você no seu funeral? Por quanto tempo você será lembrado? Por uma semana ou por toda a história? Foi a época em que o nome das pessoas era significativo e importante. Quando o nome de uma pessoa era lembrado pelas gerações futuras, a vida daquela pessoa possuía grande valor, porém, a pessoa que não tinha uma boa reputação, seu nome era considerado abominável e era melhor que ele não tivesse vivido. A palavra "apodrecerá" quer dizer literalmente "seja comido por vermes", inútil e repugnante.

Deus nos deu um chamado que, ao entendermos sua importância e profundidade, nossas atitudes e pensamentos seriam totalmente diferentes. Deus nos chama para sermos "Sal da terra, Luz para o mundo"[173]. O sal é um composto cristalino constituído pelas substâncias NaCl (Cloreto de Sódio) e nos tempos bíblicos ele era usado como tempero e, também, para conservar os alimentos evitando que estraguem. No templo dos judeus, o sal era indispensável, pois era usado para apresentar os sacrifícios (principalmente os que envolviam cereais e holocaustos). No antigo testamento, todas as ofertas de comida dedicadas a Deus deveriam ser temperadas com sal[174]. O que Jesus está nos ensinando é que nossas palavras, nossas atitudes e a nossa vida deve fazer a diferença na vida das pessoas. Não basta apenas ser uma pessoa boa, temos que transformar a vida das pessoas através de Cristo em nós. Jesus afirmou que somos o sal e não que deveríamos nos tornar sal. Jesus também nos disse que somos a "luz do mundo". A luz tem a função de trazer clareza sobre as coisas, porém não

---

172 Frase colocada sobre o túmulo, lápide ou monumento funerário, geralmente para homenagear a pessoa que nele se encontra sepultada

173 Mateus 5:13-14

174 Levíticos 2:13

nos chamou para sermos qualquer luz, mas para estarmos no lugar mais alto de forma que todos possam se beneficiar dela.[175] O objetivo de sermos sal e luz é, unicamente, para a glória de Deus e não para a nossa glória.

Nós não fomos criados e feitos à imagem e semelhança de Deus para passarmos por esta terra como uma pessoa comum. Suas ações, palavras e comportamento não precisam estar nos holofotes dos homens, mas podem ser lembrados por eles, desde que você não tenha a intenção de fazê-los para obter a aprovação ou para que, intencionalmente, os outros o vejam. Estamos em uma era onde tudo, praticamente tudo, pode ser facilmente visto por milhões de pessoas. É muito fácil cair na adoração das outras pessoas, fazer uma obra social e postar nas redes sociais para obter aplausos e encher nosso ego. Difícil é tomar as atitudes corretas mesmo sabendo que você pode ser criticado por todos. Um homem justo (ações, palavras, atitudes, comportamento) será lembrado por toda a eternidade[176]. Gosto da passagem de Eclesiastes 7:1: "Melhor é a boa fama do que o melhor unguento, e o dia da morte do que o dia do nascimento de alguém." Dificilmente alguém será lembrado pelo seu nascimento, exceto Jesus Cristo, mas facilmente um homem será lembrado após a sua morte, pois carrega consigo o rastro que deixou nesta terra ou morre sem fazer nenhuma diferença.

Abraão foi lembrado pela sua fé. José do Egito foi lembrado por não ter cedido as pedido da mulher de Potifar em ter tido relações sexuais com ela e ter se posicionado em honrar a Deus acima da sua reputação e sofrer as consequências por isso. Joiada, o sumo sacerdote que salvou a vida de Joás, foi sepultado com os reis, "porque tinha feito bem em Israel, e para com Deus e a sua

175 Mateus 5:14-16

176 Salmos 112:6

casa"[177]. Já Jeoaquim, rei de Judá, foi sepultado da mesma maneira que se sepultava um jumento devido à sua rebelião[178]. Jonatas foi lembrado por Davi que chorou amargamente após a sua morte, pois sua amizade e fidelidade à Davi o fez ser lembrado e colocado nas escrituras[179]. Davi também foi marcado na história por não ter se resistido e tido relações sexuais com a mulher de Urias, porém seu coração redimido e sua atitude diante de Deus também foi lembrado a ponto de ser chamado de "homem segundo o coração de Deus"[180]. Eli foi lembrado por não ter sido homem o suficiente para advertir seus dois filhos, Hofni e a Finéias, que profanaram o altar de Deus, e acabou morrendo de forma vergonhosa, gordo, ao cair da cadeira e quebrando o pescoço[181]. Estevão foi lembrado pela sua coragem de falar o que devia ter falado e por causa disso foi morto apedrejado[182].

Os relatos acima mostram homens que marcaram a história por duas razões simples: pela atitude e posicionamento que tiveram diante de diversas situações e pela sua reverência e temor a Deus e à Sua palavra (lembre-se que estudamos sobre isso no capítulo um). Outros, pela omissão, falta de hombridade e falta de temor deixaram uma marca negativa na história. Em ambos os casos, podemos deixar uma marca positiva, passarmos por esquecidos ou sermos desejados que nem tivéssemos nascido.

---

177 2 Crônicas 24:16

178 Jeremias 22:19; 36:30

179 2 Samuel 1:17-27

180 1 Samuel 16:1-12

181 1 Samuel 2:34 e 1 Samuel 4:18

182 Atos 7:58,60

Al Sanders [183] em seu livro "Crisis in Morality" relatou a pesquisa feita por Benjamin B. Warfield[184] em que contou a história de Max Jukes e Jonathan Edwards (Teólogo e Pastor), dois homens que viveram na mesma época, porém com destinos completamente diferentes. Max Jukes tinha problemas com bebida, tinha uma vida promíscua, não se firmava em nenhum emprego, não tinha afeto pela sua esposa e filhos e algumas vezes desaparecia de casa por dias e retornava completamente bêbado. Devido ao problema com bebidas, sua família sofria de ausência emocional e financeira. Benjamin Warfield conseguiu registrar a descendência de cinco gerações de Jukes, onde identificou:

- 310 morreram como indigentes;
- 150 foram criminosos, sendo 78 assassinos;
- 100 eram alcoólatras;
- Mais da metade das mulheres se tornaram prostitutas;
- Os 560 descendentes de Jukes custaram ao Estado americano U$ 1.250.000 dólares.

Já a história de Jonathan Edwards foi completamente diferente. Ele nasceu em 1703 em Connecticut-EUA. Seu pai foi um pastor e seu avô um reverendo. Ele aprendeu com seu pai e seu avô os princípios de se levar uma vida reta e honesta. Entrou para a faculdade de Yale aos 13 anos, falava Latim, grego e hebraico mesmo antes de entrar na faculdade. Ele e sua esposa Sarah tiveram 11 filhos e dedicavam, pelo menos, 1 hora por dia com eles

183 Âncora da TV Americana na WJZ-TV em Baltimore, Maryland. Ele ajudou a levar um telejornal de terceiro lugar para o primeiro lugar, onde permaneceu ao longo de sua carreira.

184 Benjamin Breckinridge Warfield foi professor de teologia no Seminário Teológico de Princeton de 1887 a 1921. Seria o último expoente de Princeton, antes das divergências de 1929 onde foram criados o Seminário de Westminster e a Igreja Presbiteriana Ortodoxa.

ensinando seus princípios e valores. Foram identificados 1392 descendentes, onde:

- 13 se tornaram presidentes de universidades;
- 65 foram professores de faculdades;
- 3 senadores dos Estados Unidos;
- 30 juízes;
- 100 advogados;
- 75 oficiais militares;
- 100 pastores;
- 60 médicos;
- 60 escritores;
- 80 em outras posições públicas incluindo governadores e ministros em países estrangeiros;
- 1 vice-presidente dos Estados Unidos;
- Os descendentes de Jonathan Edwards não custavam nenhum centavo para os Estados Unidos;

A história desses dois homens é um exemplo que alguns socialistas chamam de "a regra de cinco gerações." A maneira como criamos nossos filhos, o amor que lhe damos, a nossa presença constante no lar, influencia não somente seus filhos, mas as próximas quatro gerações. Esta mesma regra vale para quando não assumimos a responsabilidade do nosso papel, quando não damos a nossa esposa e filhos, o suporte, o amor e a presença que eles precisam. Nossos descendentes podem pouco saber sobre nós ou nossas vidas, mas serão marcados pela maneira com que amamos nossa esposa, como cuidados, amamos e educamos nossos filhos. Passar por esta vida sem influenciar os outros significa que a sua vida foi um desperdício. Existem três tipos de homens

— aqueles que ajudam os outros, aqueles que não fazem nada, e aqueles que prejudicam os outros.

Por fim, gostaria que você refletisse em uma frase de Jonathan Edwards, que diz:

"Deus fez todas as coisas com um propósito, e Deus também tem um propósito para todos nós, nenhum homem vive em vão, todos nós deixaremos um legado. Qual será o seu?"

DIA 29

HERANÇA

O homem bom deixa herança para os filhos de seus filhos,
mas a riqueza do pecador é armazenada para os justos.

Provérbios 13:22

Você se considera um bom homem, marido, pai, cristão, cidadão, líder? Talvez você esteja pensando: nunca roubei, matei, não faço mal a ninguém, nunca me envolvi em uma briga, nunca traí minha esposa, nunca bati em meus filhos e tenho até uma boa reputação. Perdoe-me dizer, mas isso não é privilégio de ninguém e, assim como você, existem milhões de outros homens assim. O significado de um homem bom é mais profundo do que imaginamos.

Estas mesmas "justificativas" também encontramos na parábola do jovem rico em Marcos 10:17-34. Um jovem rico veio aos pés de Jesus querendo respostas para algo que todos desejam, mas poucos querem pagar o real preço para obtê-la. Ao questionar Jesus como "bom Mestre" (a palavra mestre aqui mencionada significa "professor"), ele queria a confirmação se a concepção da vida eterna era dada para pessoas que faziam o bem. Jesus, ao questioná-lo sobre chamá-lo de bom, tinha a intenção de levar aquele jovem a considerar a verdadeira identidade de Jesus e que bondade e ausência de pecado é uma qualidade somente atribuída a Deus[185]. Jesus sabia das qualidades daquele jovem e, ao confrontá-lo a respeito dos seus bens e da ação necessária para obter a vida eterna, o jovem recuou, pois, seu coração estava em seus bens. A intenção de Jesus não era para ele se abster da sua riqueza, mas para ele marcar uma geração por abençoar muitas pessoas com os bens que ele possuía e por seguir um propósito nobre, afinal, ele já guardava os principais mandamentos — podemos chamar hoje de bons padrões morais. Jesus queria que ele fosse além, que ele marcasse sua história sendo um homem que, não apenas com sua riqueza, mas com seu caráter.

Um homem bom é aquele que enxerga gerações à frente, principalmente quando se trata da sua família. Ele é um excelente planejador financeiro que não se contenta em preparar o futuro somente seus filhos, mas também os netos. Quando ele se compromete em ser um homem justo e a abençoar as pessoas, suas gerações também serão abençoadas[186]. Um homem bom não espera que os outros sejam uma bênção, ele mesmo se compromete a se tornar uma bênção. Possui uma atitude ativa e não passiva. É um trabalhador eficaz, poupador, um gastador frugal, um investidor inteligente e um doador generoso. Consegue negar as coisas para si mesmo de forma que sobre dinheiro para as próximas gerações. Deus já nos orienta a deixarmos bens para nossos filhos[187], porém ele vai além da mediocridade. Ele se compromete a viver diligentemente em todas as áreas de sua vida para deixar uma herança para as duas gerações seguintes. Um homem bom deixa um legado a ser seguido e lembrado para que as próximas

---

185 Salmos 86:5

186 Salmos 103:7

187 2 Coríntios 12:14

gerações, motivadas pelo seu caráter, sejam conduzidas a Deus como exemplo de fé para a glória de Deus[188].

Além de deixar um legado de caráter, um homem também deixa herança financeira para seus netos. Ao invés de se conformar em viver uma vida limitada para apenas pagar suas contas do mês, ele se preocupa em deixar um legado financeiro para, pelo menos, as próximas duas gerações. O princípio que se encontra em Provérbios 13:22 nos convida a deixar uma herança para os netos, ultrapassando o poder da bênção para os filhos. Deixe-me fazer uma pergunta: em que período da vida as pessoas precisam de ajuda? Por volta dos 20 anos, quando estão começando a vida, ou por volta dos 60 (quando os pais já estão com aproximadamente 90 anos)? É óbvio que é aos 20 anos. Vamos imaginar a vida de dois jovens sob duas perspectivas. O primeiro jovem, desde cedo, teve que começar a trabalhar e a conciliar os estudos com o trabalho para conseguir comprar as coisas que queria. Com muito esforço ele foi para a faculdade durante à noite, pois durante o dia precisava trabalhar para pagar a faculdade e o que sobrava ele usufruía com seus amigos. Somente depois da faculdade que ele começou a se desenvolver profissionalmente. Depois ele procurou uma pessoa para se relacionar e se casar. Ao se casar, ele foi ao banco para comprar um imóvel financiado e passar os próximos 30 a 40 anos para pagá-lo, ou seja, aos 60 anos ele termina de pagar apenas o seu imóvel. Durante este tempo, este jovem já teve filhos e eles, provavelmente, repetirão o mesmo ciclo. Agora vamos analisar a vida de outro jovem que recebeu dos seus avós um apartamento para morar, sem que ele se preocupasse em sacrificar boa parte de suas finanças para passar os próximos 40 anos para pagá-lo. Ao se preparar para casar, ele não precisou se preocupar em fazer um financiamento de um imóvel. O que este

188 Salmos 78:1-8

jovem aprendeu foi a ter uma mentalidade de prosperidade e herança que esta família lhe ensinou e que cada um é responsável a passar este ensinamento para as próximas gerações. Imagine você crescendo em uma família que possui a mentalidade de abençoar os netos com bens financeiros e que você, desde cedo, já trabalha para acumular riqueza para os seus filhos e netos? Serão gerações livres das dívidas e escravidão.

Antes de terminar, gostaria que refletisse seriamente nos seguintes pontos:

- Quais providências você está tomando para ser um "homem de bem" e deixar uma herança para seus netos?
- Que tipo de mentalidade financeira você desenvolveu? De esperar que seus filhos cuidem de você ou de se tornar independente financeiramente e transmitir esta mentalidade para seus filhos e netos?
- Que marca estou deixando sobre meu caráter e hombridade em seus filhos e netos?
- Que herança financeira está deixando para seus filhos e netos?
- Quais ações práticas você pode tomar hoje para começar a deixar uma herança para seus netos?

Lembre-se, o exemplo fala mais do que suas palavras. Quando seus filhos e netos virem o perfil de mentalidade que você e sua esposa adotaram, isso será normal para eles e você, provavelmente, não precisará lhes ensinar a respeito destes princípios, pois eles os viverão naturalmente.

DIA 30

EDUQUE E INSTRUA SEUS FILHOS

Instrua a criança segundo os objetivos que você tem para ela, e mesmo com o passar dos anos não se desviará deles.

Provérbios 22:6

Você já se perguntou o motivo que leva um casal a decidir terem filhos? Poucos dias antes de escrever este capítulo, comecei a meditar nessa questão e percebi que o fator motivador para um casal decidir se vai ter filhos ou não, ou até mesmo quantos filhos terão, estavam completamente equivocados e desalinhados com o propósito de Deus! Se você é casado e se tem ou não filhos, provavelmente já se deparou com os seguintes questionamentos ou críticas vindas de outras pessoas:

- E aí, quando vem o primeiro filho? (talvez você não tenha aproveitado direito a lua de mel e já perguntaram isso!)
- Filhos são bênçãos de Deus, então você precisa ter muitos filhos!
- Ah, você precisa ter outro filho, afinal, ser filho único é tão solitário!

- Nosso filho deve ficar tão sozinho! Devemos ter um segundo filho!
- E aí, quando vem o segundo filho?
- Terceiro? Não acha que é demais? Você vai ficar sobrecarregado(a), muitas contas para pagar, seu primeiro filho vai se sentir desprezado e sem atenção devido ao novo bebezinho!

Sinceramente, não vejo nenhum problema com relação aos questionamentos que citei anteriormente, mas tomar qualquer decisão pautada na opinião de outras pessoas que não seja única e exclusivamente no casal, fundamentada na palavra de Deus e ponderando a respeito da estrutura familiar, recursos financeiros, moradia e diversos fatores que são importantes antes da tomada de decisão. Quando ponderamos nossa decisão baseada em algum questionamento, pressão cultural, pressão dos pais, pressão do Pastor ou de qualquer outra pessoa, estamos renunciando a um motivo nobre que deveria nos condicionar nesta decisão tão importante.

Quando Deus decidiu nos criar, Ele o fez com um propósito e uma missão definida. Ao criar o homem, ele lhe deu uma missão bem clara: "domine sobre os peixes do mar, e sobre as aves dos céus, e sobre o gado, e sobre toda a terra, e sobre todo o réptil que se move sobre a terra"[189]. Quando criou mulher e ela se junto ao homem, Ele também tinha um propósito e uma missão para eles que era "frutificai e multiplicai-vos, e enchei a terra, e sujeitai-a; e dominai sobre os peixes do mar e sobre as aves dos céus, e sobre todo o animal que se move sobre a terra."[190]. Jesus Cristo também tinha uma missão bem definida, quando Deus disse que ele viria para "ferir a cabeça da serpente"[191] e principalmente quando um

189 Gênesis 1:26

190 Gênesis 1:28

191 Gênesis 3:15

anjo anunciou a vinda de Jesus a Maria e disse "Este será grande, e será chamado filho do Altíssimo; e o Senhor Deus lhe dará o trono de Davi, seu pai; E reinará eternamente na casa de Jacó, e o seu reino não terá fim"[192]. Quando um anjo apareceu a Zacarias para comunicar o nascimento do seu filho, este anjo lhe deu o nome e o propósito que norteou toda sua vida, em que "muitos se alegrarão com seu nascimento", "será grande diante do Senhor", "não beberá vinho", "será cheio do Espírito Santo", "converterá muitos dos filhos de Israel ao Senhor", "E irá adiante dele no espírito e virtude de Elias, para converter os corações dos pais aos filhos, e os rebeldes à prudência dos justos"[193]. Abrão também tinha uma missão bem definida: "E far-te-ei uma grande nação, e abençoar-te-ei e engrandecerei o teu nome; e tu serás uma bênção. E abençoarei os que te abençoarem, e amaldiçoarei os que te amaldiçoarem; e em ti serão benditas todas as famílias da terra"[194]. Ana disse o seguinte a respeito do seu filho, o profeta Samuel: "Por este menino orava eu; e o Senhor atendeu à minha petição, que eu lhe tinha feito. Por isso também ao Senhor eu o entreguei, por todos os dias que viver, pois ao Senhor foi pedido"[195].

O que a Bíblia mostra são homens criados com um propósito e uma missão e, principalmente, alguém para transmitir sua missão de vida e guiá-los conforme o propósito que definiram. A nossa identidade (quem somos) e nosso destino (nossa missão e propósito de vida) devem ser ensinados e transmitidos a nós pelo pai. Quando transferimos esta responsabilidade, deixamos de exercer nossa função como pais, transmitir a verdadeira identidade e destino aos nossos filhos, transmitir os valores e princípios

192 Lucas 1:32,33

193 Lucas 1:13-17

194 Gênesis 12:2,3

195 1 Samuel 1:27,28

da palavra de Deus para eles e isso somente pode ser feito diariamente, caminhando junto, ensinando-lhes os princípios do reino de Deus a todo o momento. Não é a escola, ou a tia da salinha que vai ensinar as coisas práticas da vida, somos nós pais. Não são os professores da escolinha dominical nem o pastor quem devem transmitir os valores da palavra de Deus, esta responsabilidade é nossa! Vamos analisar este versículo sob duas perspectivas, a instrução e a criança.

COMO INSTRUIR NOSSOS FILHOS

Crianças são dádiva de Deus[196] e é por este motivo que todo pai deveria sentir o peso da responsabilidade que Deus colocou sobre nós quando pensamos em ter um filho. Nenhuma pessoa veio ao mundo por acidente. Você não é um acidente, e Deus já tem um plano para cada um de nós. Ter esta consciência já deveria ser o suficiente para trazer em nós, pais, a responsabilidade para entender quais os propósitos de Deus para nossos filhos e instruí-los desta forma. Não estou me referindo apenas dele(a) ser um pregador(a) ou missionário(a), mas alguém que possa transformar o mundo exercendo sua profissão. Nossa paternidade deve ser centrada no plano de Deus para nossos filhos e isso deve guiar a nossa jornada como pais.

A palavra instrução no hebraico significa: civilizar, educar, cultivar, instruir, ilustrar; domesticar, domar[197] e no dicionário Michaelis também quer dizer: transmissão de conhecimentos, explicação sobre o uso de algo. Ao analisar o profundo significado desta palavra, percebi que estamos bem longe no exercício da nossa verdadeira função. Será que realmente estamos transmitindo e gravando no coração de nossos filhos os primeiros rudi-

---

196 Salmos 127:3

197 Fonte: https://hebraico.pro.br/

mentos da palavra de Deus, princípios e valores morais, conhecimentos básicos da vida ou estamos sendo irresponsáveis a ponto de "deixar" que a professora da escolinha dominical faça isso por nós? Quando nossos filhos ouvirem alguma novidade a respeito da palavra de Deus na escola dominical, isso é um sinal que estamos falhando no exercício da paternidade. O que eles ouvirão na escola dominical e nos cultos de adoração e pregação da palavra de Deus deve ser uma lembrança do que eles viveram e presenciaram em casa e não uma novidade! Quando essa realidade veio sobre mim, percebi o quão longe estou de ser um pai exemplar para meu filho. Será que nós estamos realmente transmitindo conhecimento para eles ou deixando a cargo das instituições, ou que a vida lhes ensine?

Agora você deve estar se perguntando: *Em que momento eu devo instruir meu filho?* Em todo o tempo, em todo o lugar, em todas as circunstâncias, em qualquer situação. Tudo e nossa volta deve servir de motivação para ensinar e instruir nossos filhos sobre algo relacionado com a vida cristã, sobre Cristo, sobre princípios e valores da palavra de Deus. Veja o que diz Deuteronômio 6:7-9 "E as ensinarás a teus filhos e delas falarás assentado em tua casa, e andando pelo caminho, e deitando-te e levantando-te." Esta passagem é direcionada aos pais e a ordem é que os mandamentos de Deus sejam transmitidos aos filhos a todo o momento, porém eles devem primeiramente estar em nosso coração e precisamos como pais vivê-los antes de transmitir para nossos filhos[198]. Deixe-me perguntar algo: o que você faz com seu filho quando está em casa? Você vai assistir televisão — uma forma de recompensa por um dia estressante de trabalho — e deixar seu filho com aparelhos eletrônicos? Ou você vai jogar aquela "pelada" com seus amigos sob a justificativa que "todo mundo

198 Deuteronômios 6:5

precisa de um escape"? Não vejo nenhum problema em alguma destas coisas, porém, quando priorizamos mais outras coisas do que exercer a nossa função como pai, estamos longe de exercer a missão que Deus nos deu, falhando como pais e é por este motivo que muitos filhos estão desconectados emocionalmente. Os pais são a primeira imagem de Deus na terra, eles devem ver Deus em nós para que, no futuro, reconheçam a verdadeira voz de Deus, porém sabendo que já ouviram e viram a Deus em nós!

Edwin Louis Cole disse "*Nós homens precisamos ensinar nossos filhos e preparar-lhes o caráter a fim de que este os sustente nos dias difíceis*". Existe um termo judaico chamado *Chinuch*, que significa: moldar o caráter da criança e guiá-la, passo a passo, pelos caminhos que a ajudarão a torná-la uma pessoa íntegra e um bom judeu em sua totalidade. Quando mudarmos nossa mentalidade para o verdadeiro significado de educação (não a educação escolar, mas o desenvolvimento emocional e espiritual) e assumimos a responsabilidade para si, como pais, formaremos homens e mulheres capazes de mudar uma nação inteira, que não serão levados pelas circunstâncias e nem pela vida, mas serão maestros de suas próprias vidas. Preste atenção nas seguintes palavras citadas anteriormente: *guiá-la* e *passo a passo*. A integridade de uma criança judia está relacionada no convívio e ensino diário exercido pelos pais. É no dia a dia que seus princípios e valores moldam o caráter de uma criança. Todos os outros "meios" são apenas distrações para desviar as crianças do conhecimento e aprendizado que eles deveriam obter através do dia a dia com os pais. Situações difíceis surgirão. O mundo é cruel, intolerante e somente aquele que tem um caráter forte vai conseguir ser vitorioso. São os princípios e valores ensinados diariamente pelos pais que vão fortalecer nossos filhos e formar homens e mulheres vencedores.

CRIANÇA

Uma pessoa é considerada uma criança até os doze anos e é nos primeiros cinco anos de vida que o caráter é formado. E este é um dos períodos mais críticos da vida de uma criança. Guarde isso: segundo dados de Rockey, Ron e Nancy[199], só nos primeiros doze meses de vida, o homem aprende metade, ou seja, 50%, de tudo que irá absorver em toda a sua vida. No período seguinte, o segundo ano, ele obtém mais 25% de todo conhecimento que guardará ao longo dos anos. Ou seja, 75% de tudo o que a criança precisa aprender está nos dois primeiros anos de vida. Podemos dizer que a maneira como uma criança vai agir e pensar encontra-se neste curto período da sua vida e é onde se consolida as atitudes, desde a maneira como ela vai se sentar até a maneira como ela vai elaborar seu raciocínio para tomar decisões em sua vida.

A maneira como agimos, raciocinamos e a formação dos nossos hábitos são construídas pelo modo de repetição. Uma criança, principalmente nos primeiros anos, não compreende de forma racional o que falamos, mas aprende praticamente tudo nos observando. Todo ato repetido torna-se um hábito que, com os pensamentos e sentimentos que o acompanham, forma o caráter. O desenvolvimento infantil depende do ambiente em que ela está inserida. Quer que seu filho seja um homem justo? Permita que ele veja você tendo atitudes de justiça! Quer que seu filho seja honesto, verdadeiro, amoroso e carinhoso com sua futura esposa! Permita que ele veja isso em você pela forma como trata sua esposa (mãe dele). Isso deve nos levar a pensar: O que nossos filhos estão observando diariamente na família, na escola, na igreja, nas mídias sociais que assistem e nas músicas que ouvem? A criança

199 Chosen: God's Relentless Pursuit of His Wandering Child. Editora Pacific Pr Pub Assn, 2001.

não possui um "filtro" para decidir o que é certo ou errado, elas simplesmente absorvem tudo o que está disponível para ela.

Deus nos criou desta maneira e é por isso que o fundamento da fé e caráter deve ser ensinado e transmitido nos primeiros anos de vida. Não é à toa que o versículo do estudo de hoje termina com "[...] e mesmo com o passar dos anos não se desviará deles." Até os cinco anos nós, como pais e influenciadores, dizemos a nossos filhos (mesmo pela omissão) quem eles são (identidade) e qual a missão de Deus para eles nesta terra (destino). Se os pais não assumirem o protagonismo na criação e educação de seus filhos, eles procurarão esta resposta em outro lugar (ou em outra pessoa) e tudo o que disserem para eles será assumido como verdade. Entretanto, se os filhos não tiverem um referencial vindo de dentro de casa, o que ouvirem fora de casa será considerado verdade.

Por fim, estatísticas mostram que, nos Estados Unidos, entre 66% dos jovens que cresceram na igreja abandonam a fé cristã no início da fase adulta[200]. As principais influências para que estes jovens continuem a vida cristã são: 1ª a mãe; 2º o pai; 3º o pastor sênior; 4º os avós; 5º a escola dominical; 6º os grupos de jovens; 7º os acampamentos da igreja; 8º os retiros. O inverso também é verdadeiro, os pais são os principais influenciadores para que eles deixem a igreja na adolescência e juventude. Ou seja, o pai e a mãe são os principais influenciadores da fé cristã e da conduta moral e espiritual dos filhos!

QUAL A FUNÇÃO DOS PAIS?

Quando meu filho completou 4 anos, comecei a me questionar se realmente estava exercendo minha função da maneira como Deus esperava de mim. Nunca tinha me perguntado sobre isso, mas, ao analisar a profundidade da resposta e a responsabi-

200 Fonte: https://research.lifeway.com/fast-facts/

lidade que está sobre mim, confesso que fiquei paralisado e, ao mesmo tempo, fortalecido em Deus. Você já se fez esta pergunta algum dia? Qual é a minha função e responsabilidade como pai? Talvez sua resposta seja: *"criar um ser humano responsável"*. Ou, talvez: *"Não sei. Apenas sei que sou Pai e vou fazer o meu melhor"*. Este tipo de resposta mostra que os homens não possuem o menor senso de missão de vida em sua paternidade. Salmos 127:4 é um exemplo perfeito da verdadeira função dos pais, pois está escrito: "Como flechas na mão de um homem poderoso, assim são os filhos da mocidade". A paternidade deve estar fundamentada em 3 pilares: missão, identidade (nome) e destino (alvo).

1. MISSÃO DE VIDA

Quando nossas escolhas estão alinhadas com nossa missão, a probabilidade de atingir o sucesso é muito maior. Sendo assim, não se decide ser pai por uma pressão da sociedade, família e até mesmo porque "todos um dia têm filhos". Seja pai para formar um homem ou mulher que traga transformação para a sociedade e para as pessoas que convivem com eles. Benjamin e Bernardo, meus filhos, foram planejados e esperados por nós e quando eles souberem disso, estará sobre eles o sentimento de aceitação e amor.

2. ESCOLHA DO NOME

Quando eu e minha esposa decidimos pela escolha do seu nome, não o fizemos baseado na popularidade do momento ou aleatoriamente em algum livro dos nomes mais bonitinhos e conhecidos, mas baseado em seu significado e se estava alinhado com o caráter que desejávamos para ele. O significado do nome carrega uma característica que refletirá na vida do seu filho. Quando Deus fez o primeiro homem, Adão, instruiu-o a dar nomes a tudo que Ele criara. Adão compreendia as origens de todas as criaturas e, assim, conseguia designar para cada coisa um nome apropriado correspondente à sua fonte no céu. Nós, pais, devemos buscar inspiração divina ao decidir o nome para os seus filhos. Deste modo, não importa qual o nome escolhido, certamente ele será o mais adequado para aquele menino ou menina.

Um nome tem duas características, por um lado está associado com a alma e por outro lado está associado a como as pessoas lhe reconhecerão. Em Gênesis 25:24-26 vemos o relato do nascimento de Esaú e Jacó. Esaú significa ""peludo" ou "coberto de pelos", pois "E saiu o primeiro ruivo e todo como um vestido de pelo; por isso chamaram o seu nome Esaú"[201]. E Jacó significa literalmente "aquele que segura pelo calcanhar", pois "E depois saiu o seu irmão, agarrada sua mão ao calcanhar de Esaú; por isso se chamou o seu nome Jacó. E era Isaque da idade de sessenta anos quando os gerou"[202]. Após Jacó ter lutado com um anjo, este lhe mudou o nome para Israel, que significa "homem que luta com Deus" ou "homem que vê Deus". Veja que os nomes, na época da Bíblia, estavam relacionados com o caráter e personalidade das pessoas. Imagine uma criança passando boa parte da sua vida ouvido: Bom dia "homem que vê Deus". Você já fez sua lição "homem que vê Deus". A criança cresce com a certeza da razão pela qual ela veio ao mundo — da sua identidade. Quando ela for confrontada por outra criança, ou adulto, em relação à sua identidade, certamente se lembrará de quem ela realmente é e não aceitará nada diferente disso. Este é um dos principais motivos pelo qual pessoas chegam aos 30, 40, 50 e ainda estão buscando afirmação de quem realmente são. Não precisamos esperar o nascimento do nosso filho, olhar para ele para decidir qual será o seu nome, mas podemos decidir isso bem antes do seu nascimento e incutir quem ele realmente é desde o primeiro dia da sua vida.

---

201 Gênesis 25:25

202 Gênesis 25:26

3. DEFINIR UM ALVO

Um arqueiro não lança flechas ao ar, mas define um alvo a ser atingido e para isso ele precisa de treinamento e conhecimento para conseguir atingi-lo, além do equipamento adequado. É necessário calcular o impacto do vento, definir a direção correta e escolher a flecha adequada. Se ele não fizer isso, certamente vai errar o alvo. Você como pai tem a função de definir uma missão de vida para seu filho, precisa calcular todas as intempéries da vida e dar toda a base para superá-la e fortalecer seu caráter para os dias difíceis. Imagina que um determinado arqueiro precisa atingir um alvo bem distante e escolher uma flecha fina e fraca. Certamente a escolha correta da flecha será um dos fatores para se obter sucesso para atingir o alvo. Uma flecha não faz um percurso totalmente linear, ela já sai das mãos do arqueiro "cambaleando" até o seu destino. Uma questão interessante é que os fatores que podem impactar no percurso da flecha são esperados e calculados pelo arqueiro. O mesmo acontece com os filhos quando não forjamos o seu caráter e não o preparamos para o percurso da vida.

Quanto mais forjamos seu caráter, afirmando seu valor, sua identidade (quem ele realmente é) e seu destino (seu propósito de vida), maior sua convicção para alcançar seu objetivo de vida e as intempéries da vida não os afastarão do alvo. Não espere ver seu filho(a) chegar aos 30 anos para descobrir que as escolhas que fizeram não foram as melhores, a profissão acabou, a formação não é mais válida e que seu casamento acabou porque não soube escolher a pessoa correta. A responsabilidade pelo sucesso dos filhos é dos Pais e, se o filho fracassar, é porque nós fracassamos na criação e formação da identidade e do destino de nossos filhos.

Homem, meu desejo é que você assuma o protagonismo da sua vida e seja o maior e verdadeiro exemplo de cristão para nossos filhos. Que Deus te abençoe.

CONCLUSÃO

Parabéns por você chegar até aqui! Estou muito feliz por tê-lo ajudado neste processo de transformação. Porém, ele não termina aqui. Nos últimos 30 dias, você teve a oportunidade de remodelar sua mentalidade para a verdadeira hombridade bíblica. Trabalhamos a importância de buscarmos por altos padrões (pensamentos e comportamentos) e isso começa quando tememos a Deus mais do que qualquer coisa. Sem isso, não conseguimos prosseguir para desenvolvermos o verdadeiro caráter de Jesus Cristo. Da mesma forma que Salomão, como pai, repetidas vezes, disse para que seu filho nunca se esqueças das leis e instruções de Deus e das palavras deixadas para ele neste livro[203], meu desejo é que você também nunca se esqueça dos princípios e valores ensinados neste livro. Creio que ele veio direto do coração de Deus, como um Pai que te ama e deseja que você atinja todo o seu potencial. Sua tarefa, a partir de agora, é continuar a se aperfeiçoar e desenvolver o seu caráter diariamente, com os princípios e valores ensinados neste livro.

Para concluir, eu realmente gostaria de saber sua opinião. Envie seu depoimento de como este livro o ajudou a transformar o seu caráter por meio do endereço robson@academiahombridade.com.br ou através das minhas redes sociais.

---

203 Provérbios: 1:7-8; 2:1; 3:1-2,21; 4:1-3,10, 20; 5:1; 6:20-21; 7:1-3; 13:1; 19:27

Robson Lima é líder do ministério HOMBRIDADE da Universidade da Família (criado por Edwin Louis Cole do Christian Men's Network) desde 2007 e criador do projeto Academia da Hombridade. Ele mora em Macaé/RJ com sua esposa, Sara, e seus filhos, Benjamin e Bernardo.